ポストコロナの公民館

22の問いから考える

岡 幸江・内田 光俊・荻野 亮吾・丹間 康仁・池谷 美衣子・森村 圭介　著

大学教育出版

はじめに

2020年にはじまったコロナ禍は、2023年5月の第五類移行により、一つの区切りを迎えました。むろん、今なお、コロナはもとよりさまざまな感染症が蔓延するおそれと隣り合わせとはいえ、日常が戻った、という感をもつ方も少なくないことでしょう。その中で、この本を手に取った方の中には、なぜもう日常に戻った今に至って、改めてコロナについて考えるのか？と思う方もいらっしゃるかもしれません。

本書は、コロナ・インパクトが浮き彫りにした、未来の公民館像を考えていくうえでのポイントを、現場のみなさんにブックレット的な冊子としてわかりやすくお届けしようとするものです。コロナ渦中をこえた今、加えて当時の模索や考えたことの記憶がまだ新しい今こそ、これを考察・記録し共有する意味がある、と私たちは考えました。

いくつかの特徴をご紹介しましょう。

まず形式上の工夫として試みたのは、職員が、市民や地域と関わる中で抱く問いを出発点とすることです。これはそれまでの研究活動をふまえつつも、まったく別の思考回路を必要とします。そのため私たちは対面合宿も行い、問いのブレーンストーミングを通して、本書の構成をともに一から考えていきました。問いからはじめる方式を通して、公民館初心者の方が立ち止まってしまう実践上の壁を、うまくこえていく力になればと願います。

同時に、一つひとつの項目にあてる文章は短いながらも、基礎的な公民館の歴史・理論・実践・政策などにふれていくことを意図しました。また文章自体は短くても、参考文献の提示を通して、さらに本書を通して関連する理論や実践にふれていただく、入り口となればとも考えました。

そして私たちはこの本が、初学者だけでなく、公民館などでの経験を有する職員や管理職など、若手・新任職員を育てる立場の方々に手に取って活用いただける、中級・上級編の実用書となることも意図しています。中堅職員や管理職は、各自治体や現場において、中長期的な計画的視座で公民館のあり方を考えていく立場の方々です。それは本プロジェクトが、未来への公民館像の展望を意識して活動してきた成果を、お届けするにふさわしい方々と考えています。

総じて、コロナ禍が非日常をもたらした３年数か月は、公民館にとっても、それまでの日常を照らし出すものでした。そこで多くのことが悩まれ、考えられ、これまでの実践をふりかえりながら新しい試みも起こりました。痛みも含めたそうした記憶がなかったことのように忘れられることのないよう、本書がその間の思考と実践の記録となるとともに、上に述べたように現場で未来の公民館活動を考える、小さくも確かな礎の一つとなることを、私たちは願っています。

ここにいたる私たちの歩みをご紹介させてください。本書を執筆する私たちは、日本公民館学会で、2020年５月からの準備段階を経て、2020年９月にコロナ特別プロジェクトをたちあげ、2022年12月の研究大会までプロジェクトを運営してきたメンバーです。コロナ前まで、全国にちらばるメンバーによる学会研究活動と言えば年数回の対面学会の他はメールでのやりとりにとどまっていました。しかしコロナ禍以降広がったオンラインツールにより、日常的に研究活動を進めることが可能になりました。６回のシンポジウム開催の他、メンバーの丹間会員を中心とした政令市中核市を中心とした10市調査も行いましたが、何より新鮮に感じられたのは、日常的な研究・議論があり、その延長上にシンポジウムがあるというにふさわしいオンライン上での活発な議論・研究活動が、最後まで続いたことでした。

その成果は、『日本公民館学会年報第17号（特集１：コロナウイルス感染症と公民館 ― ポストコロナ社会を拓くために ― ）』（2020年）、『同第18号（特集２：ポストコロナ社会に向けた公民館像の模索）』（2021年）、『同第20号（特集：ポストコロナ社会に向けた公民館研究の展望）』（2023年）にまとめられ、トータル17本の論文は、どれもオンライン上で閲覧いただくことができます。

プロジェクトとしては最終まとめとなった年報第20号特集タイトル「ポストコロナ社会に向けた公民館研究の展望」には、一つの意図が込められています。本プロジェクトは活動の比較的早い段階から、感染対策やその他目の前の課題に対処療法的に向き合うための検討ではなく、コロナ・インパクトが公民館研究をいかに刷新するのか、俯瞰的に研究的視座を探求していきたいという思いを共有してきました。そのため第20号では職員論・地域論・経営論という3つの視点において、2年4か月の活動に基づく私たちなりの未来への研究的視座の提案を行いました。

同時に、学会での公的なプロジェクト活動が終了しようとするとき、私たちにはまた別の思いも芽生えていました。この間の研究成果を、公民館などの関連施設で働く職員・現場に届けられないかという思いです。本プロジェクトが研究者会員4名、実践者会員2名で構成され、両者の融合的な議論を大事にしてきたことも、影響していることでしょう。ここから本書発行にむけてさらに約1年半、私たちは活動を続けてきました。

最後に、本書は公民館学会の活動をふまえながらも、あくまでプロジェクト有志による刊行です。しかし規模が小さいながらも、研究者と実践者がともにフラットに活発に議論できる公民館学会のよさが、本書の基盤になっていることは間違いありません。その意味で、コロナ特別プロジェクトの議論にご参加いただいてきた皆様はもちろん、公民館学会20年の歩みなくして本書はありえません。本書の発行にあたり、関係各位他、学会を築いてきた尊敬すべき多くの先輩たちにも、ここに御礼申し上げたいと思います。

さあ、22の問いを入り口として、古くて新しい、そして趣深い、公民館の世界を知り考える歩みに、私たちと共に出かけましょう。

2024年9月

岡　幸江

本書の位置づけ ―関連書籍紹介を通じて―

公民館に関して、これまで多くの書籍が刊行されてきました。ここでは、代表的書籍を紹介しながら、本書の位置づけを明らかにしてみたいと思います。

下の図１に、ここ 20 年以内の公民館に関する主要書籍を整理してみました（副題は省略）。図の下側に公民館の基礎的な理解を促す入門的書籍を、上側に公民館の役割をより広く理解できる書籍を配置しました。図の左側には公民館の原点を見つめ直す書籍、右側に公民館の未来を描く書籍を置いています。

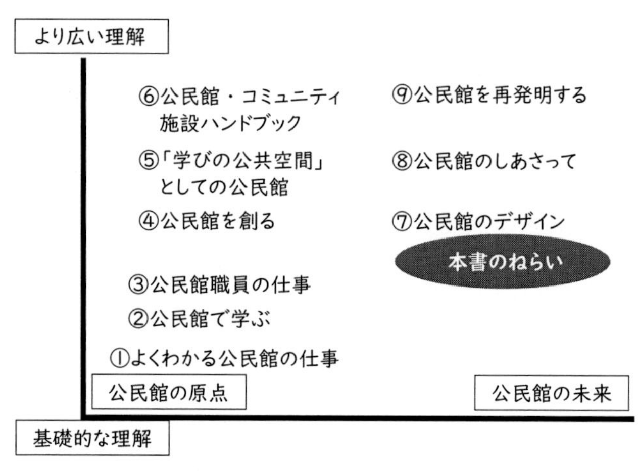

図１　公民館に関する代表的書籍と本書の位置づけ

各書籍の内容を簡単に紹介します。①全国公民館連合会編『よくわかる公民館の仕事（第３版）』（第一法規、2017 年）は、1 章「公民館入門」で公民館の仕事の基礎を理解でき、２章「困ったときの公民館 Q&A」で仕事を進める際に直面するさまざまな疑問を解消できます。３章の論稿により公民館の役割への理解を深められ、公民館の仕事を学ぶ基礎になる 1 冊です。②長澤成次編『公民館で学ぶ』（国土社）は、1998 年から５年おきに計６冊が刊行され、各時期における千葉県内の優れた公民館実践を参照できます。最新のⅥ巻『コロナ禍を超えて未来を創る』（2023 年）では、公民館がどのように災禍に向き合い、住民の学習機会を保障してきたかを学べます。③片野親義『公民館職員の仕事』（ひとなる書房、2015 年）は、公民館現場に約 40 年関わってきた著者が、公民館の仕事の意味を徹底的に掘り下げたもので、どの層の職員にも豊かな含蓄があります。

④上田幸夫『公民館を創る』（国土社、2017 年）は、公民館に込められた歴史と思想を丁寧に解説した書籍です。また、⑤佐藤一子『「学びの公共空間」としての公民館』（岩波書店、2018 年）は、住民が共に学び文化を創造する「学びの公共空間」としての公民館の役割を明らかにしており、2 冊とも公民館の価値と可能性を知るのに適しています。⑥日本公民館学会編『公民館・コミュニティ施設ハンドブック』（エイデル研究所、2006 年）は、歴史・制度・運営・事業編成などの観点から公民館の姿を総合的に検証しています。

公民館の未来を志向する書籍もあります。⑦日本公民館学会編『公民館のデザイン』（エイデル研究所、2010 年）は、公民館の歴史を紐解きつつ、施設空間や事業のあり方を問い直したユニークな内容となっています。また、⑧公民館のしあさって出版委員会編『公民館のしあさって』（ボーダーインク、2021 年）は、公民館の可能性を描こうとした書籍です。沖縄の那覇やエジプトの事例紹介から、公民館が豊かな潜在力をもった場であることに気付かされます。⑨牧野篤『公民館を再発明する』（東京大学出版会、2024 年）も、未来志向の書籍です。本書は『公民館はどう語られてきたのか』『公民館をどう実践してゆくのか』の続編にあたり、3 巻を通じて公民館の過去・現在・未来について学べます。

以上の書籍と比較すると、本書はコロナ禍を経た公民館の未来の姿を描こうとする点で図の右側に位置します。また、公民館の仕事をはじめたばかりの方だけでなく、日常の職務の中でさまざまな疑問を抱く中堅以上の職員の方にも役立つように構成しました。本書のタイトル『ポストコロナの公民館 ― 22 の問いから考える ― 』には、コロナ前に戻るのでなく、今後公民館がどの方向に進むべきかを一緒に考えたいというメッセージを込めています。ここに取り上げた文献や各部の参考文献を参照いただき、公民館の未来を共に考えるきっかけにしていただければ幸いです。

【荻野亮吾】

ポストコロナの公民館
—22の問いから考える—

目　次

第Ⅰ部

ポストコロナ時代の地域と公民館

第１部紹介

新型コロナウイルス感染症（COVID-19）は、2020年初頭から日本を含めた世界中の人々の暮らしに大きな影響を与えました。その後、パンデミック下のロックダウンや行動制限を経たのち、人類の免疫力の獲得とウイルス自体の変異が進み、医療や公衆衛生上の対応が変化したことで、地域も公民館もようやく平時の落ち着きを取り戻したように映ります（2024年８月現在）。この間、私たちは目に見えないウイルスと向き合う暮らしを迫られてきました。しかしそれ以上に、コロナ禍がもたらした地域や公民館への影響は、目に見えにくいものなのかもしれません。

パンデミックの厳しかった時期が過ぎ去り、人々が日常の暮らしを取り戻しつつあるとはいえ、公民館ではコロナ禍に解散してしまったサークルがあったり、いつも来館していた利用者がいまだに戻ってきていなかったりします。恒例だった行事を再開できていない地域もあります。不自由なく生活している様子の住民がいる一方で、いまだに感染症への不安から自由に行動できていない住民もいます。コロナ禍を経験した今だからこそ、地域の姿を的確にとらえて、ポストコロナ時代に向けた公民館の新たな一歩を踏み出す必要があるのではないでしょうか。

そこで本書の第１部は、ポストコロナ時代における地域と公民館のあり方を考えるところからはじめていきます。これまで公民館の基本は、「集い」「学び」「結び」であると言われてきました。コロナ禍の初期では、公民館が長期にわたって臨時休館の措置を講じ、人々の来館が制約されました。しかしそのことで、逆説的ではあれ、公民館が改めて「集い」を前提として成り立ってきた機関であることが確認されました。他方で、コロナ禍での学びを止めないための各館の工夫は、必ずしも「集い」を入り口としないものでした。「学び」からはじまる公民館の姿が模索された他、利用できなくなった人やそもそも利用していない人、つまり、公民館になかなか集えない人や集いづらい人がいる実態への意識が高まりました。そこからこれまでの公民館の運営のあり方を見直すとともに、新たな方向性を見いだしていこうとする機運も生まれています。

さて、本書の第１部では、地域に公民館があることの意味を探りながら、公民館が地域とどのように関わっていくかについて６つの問いを立てました。前半の問い（Q1-1～Q1-3）では、公民館の基本を確認しながら、コロナ禍を通して改めて確認された公民館の原理と原則について説明します。これを受けて後半（Q1-4～Q1-6）では、地域への具体的なアプローチとして、コロナ禍での公民館の新たな動きを紹介します。現場での切実な悩みとなっている地域行事への関わり方、サークルへの働きかけ方、未利用者への視野のもち方についてみていきましょう。

まずQ1-1では、公民館の対象区域のとらえ方を改めて確認し、地域と公民館の関係性を考えます。職員が館外に繰り出して地域理解を深め、対象区域の枠に収まらない交流を企図することで、住民の暮らしや学びを豊かにしていく方策をみていきます。続くQ1-2では、学校、企業、市民活動団体との連携の築き方について議論を深めます。ここでは、日頃からの関係づくりの重要性を示します。そのうえでQ1-3では、地域づくりをテーマとして、人や組織の力を引き出すという公民館の本来的な役割を改めて確認します。地域の魅力と課題を理解し、地域の将来を展望していく動きについて構想します。

次にQ1-4では、コロナ禍を経て各地で課題となっている地域行事の中止や地域団体の解散について、公民館としての対応方策を論じます。伴走者としての立ち位置から、住民たちが地域行事や地域団体の存在意義を改めて見いだしていく学びの必要性を示します。続くQ1-5では、公民館のサークルへの関わり方について、ともすれば内側に閉ざされがちなサークルの輪に、風穴を開けていくための取組みを考えていきます。これを受けてQ1-6では、公民館に来館しない住民に対して、どのようなアプローチが有効であるかを考えます。利用者の固定化という課題をとらえなおして、利用者そして未利用者との対話を模索していきます。

コロナ禍の公民館運営には多くの苦労がありました。しかし、葛藤から得た気づきや工夫もありました。公民館と地域の関係をめぐる不易と流行を意識することによって、ポストコロナ時代を切り拓く、緩やかで大きな公民館の「集い」「学び」「結び」の輪を描いていきましょう。

【丹間康仁】

Q1-1 公民館の運営にあたって、対象となる地域をどうとらえればよいですか？

公民館には対象区域があります。コロナ禍では、オンラインを用いて地域に学びを届ける工夫をした公民館もありました。公民館としてどのように対象区域と向き合い、新たな「集い」「学び」「結び」を構想していけばよいでしょうか？

1．公民館にとっての対象区域とは

公民館の目的は社会教育法第 20 条に規定され、その対象は「市町村その他一定区域内の住民」と示されています。中央公民館と地区公民館が双方ある自治体もあれば、地区公民館のみを並立の自治体、あるいは中央公民館のみを設置の自治体もあります。対象区域を定めていても、実際には他地区や他市町村の方の利用もあり、登録団体のメンバーに区域外の住民が含まれることもあります。

中央公民館が市町村全域を対象とするのに対して、地区公民館の対象区域の定め方は多様です。小・中学校の通学区域や合併前の旧町村区域などのように、明瞭な場合もあれば、そうした区割りとは一致しない場合もあります。

公民館の事業立案に際して、対象区域の歴史、地理、文化を理解することははじめの一歩です。自治体の公民館の配置がどのようになっているか、対象区域はどのように分けられているかを理解しておく。そうすると、小・中学校をはじめとした教育機関、町内会・自治会を含む各種団体との連絡調整がスムーズになります。

2．公民館からの地域のとらえ方

公民館には、図書館や博物館のような都道府県立や国立の施設はありません。市町村立公民館の多くが住民の日常生活圏を対象に立地しています。しかし、そのエリアの内側だけをみて公民館を運営しているのでは、公民館事業も狭くて限られたものになってしまうでしょう。

公民館職員にとって、館内で出会う利用者との他愛のない会話、周辺地域の日頃の様子の観察は、地域を理解するための大切な関わり方です。しかし、館を中心とする視野で把握できる市民や地域の姿は限定的であるという自覚も大切です。むしろ、館を離れて対象区域の境界に立ってみると、別の角度からの地域像が見えてくるでしょう。そのとき、他館との共同事業や自治体をこえた連携の取組みなど、新たな学びを生み出していく構想が得られるかもしれません。たとえば、「水」をテーマにした学習であれば、「流域」という視野もあります。「鉄道」なら「沿線」です。他館や他自治体と連携した広がりのある事業を企画できそうです。

2003年の文部科学省告示では、「対象区域にこだわらない事業」の展開が公民館に求められ、広域的な学習サービスの提供や情報通信技術の活用も期待されています。その後、コロナ禍を経て広く使われるようになったZoomやYouTubeは、館に直接「集う」ことが難しかった住民への学びの機会の保障はもちろん、他の機関や地域との交流を広げるうえで有効なツールです。

3.「集う」「学ぶ」「結ぶ」の渦を生み出す

もしも公民館のオンライン事業で、対象区域外からの参加者のほうが多くなりそうなとき、どう対応すればよいでしょうか。その際は、対象区域内の住民の暮らしと学びを豊かにしていく発想から、地域内外の交流を促す事業として展開することが一案です。公民館の基本は「集う」「学ぶ」「結ぶ」を地域に循環させることです。しかしそれは対象区域内で完結するものではありません。この循環の渦に、新たな社会関係を巻き込み、学びを広げていけるとよいでしょう。開かれた参加と交流を生み出す役割が公民館に期待されています。

【丹間康仁】

考えるためのヒント

1. 対象区域の地域理解を進めましょう。館を中心とした視点にとどまらず、館外に繰り出して、市民や地域の姿を多角的にとらえてみましょう。
2. 対象区域の住民の暮らしや学びを豊かにしていくという目的で、他館や他地域、他自治体との新たな交流を構想していくことが大切です。

Q1-2 学校、企業、市民活動団体との連携をどう築いていけばよいですか？

コロナ禍では学校の臨時休業や公民館の長期休館など、社会活動に大きな制約が生じました。しかしその中でも他機関と連携を深めた公民館がありました。日頃からどのような関係を築いておけばよいでしょうか。

1. 公民館と他機関・団体との連携

困った時こそ日頃からの関係の真価が問われます。コロナ禍において各地の公民館は、それぞれの地域の機関や団体と、どのように支え合い、助け合うことができたでしょうか。

学びの拠点としてはもちろん、地域における拠点として、公民館は各種団体、施設、機関との連絡・調整を図りながら運営されています。地域に「集う」「学ぶ」「結ぶ」の渦を巻き起こしていく中で、公民館には自ずと地域の情報や資源が集約されてきます。地域のネットワークを活かすことが人々の学びを豊かにするうえでのポイントです。

2. 学校と地域をつなぐ拠点として

国内で新型コロナウイルス感染症が広がりはじめた2020年は、学校教育も大きな影響を受けました。全国一斉休業が数か月にわたって講じられ、教育活動の再開まで時間を要しました。密集などを避けるための分散登校、感染リスクの管理上での学校行事の中止など、子どもの学びの幅は大きく狭められました。

一方、コロナ禍で学校と公民館が連携を深めた事例もみられます。公民館の施設を学校に一時供用する動きをはじめ、自習室を設けて居場所づくりを進めた館もありました。当時、学校の教育課程としては実施の決断が難しかった体験学習について、子ども向けの公民館事業として夏休みに企画を実施した例もみられます。学校と公民館がそれぞれの困りごとを共有し、教育機関として、その時取り組めることを考えて行動した結果と言えます。こうした公民館はそもそもコロナ禍以前の平常時から学校との連携を築いており、非常時にもその関係が有効に機能したとみることができるでしょう。

公民館は地域と学校をつなぐハブとして位置づけられます。公民館の宝は人です。地域人材を学校に紹介したり、地域において子どもの学びや体験の幅を社会教育の側面から広げたり、公民館はつなぎ役を果たすことが大切です。

3. 企業・市民活動団体との連携にあたって

近年、公民館は企業とも連携を深めています。営利活動を行う事業体との連携には配慮も必要ですが、たとえばSDGsの推進やICTの活用など、学びの目的や内容を共有できる場面では連携が有効です。公民館事業の企画・実施にあたっても、何かあれば日頃から地域の企業や団体に声を掛けたり、気軽に話を聞きに行けたりする関係を築いておけるとよいでしょう。館報を直接届けるなど、まずは公民館から働きかけてみることです。もちろん連携に際しては、特定の事業者のみを優遇しないよう、地域内の事業者に幅広く呼び掛けることも重要です。企業の有するノウハウや資源の豊かさを活用しつつも、住民の学びが偏ったり学習の自由が阻まれたりしないよう、信頼関係と緊張関係が大切です。

加えて公民館は、地縁団体はもちろん志縁団体とも連携しています。自治会・町内会をはじめ地縁団体の事務を一手に引き受けている公民館も地方で多くみられますが、地域を基盤としつつ、市民活動団体との連携を築くことも有意義です。たとえば文化活動の継承や健康づくりの支援、こども食堂の取組みをはじめ、市民活動団体が得意とする分野を活かして地域課題に向き合っていく。課題についての専門性が高まると、公民館の学びが市民の暮らしの豊かさに結びついていきます。

【丹間康仁】

考えるためのヒント

1. 地域の他団体・機関との日頃からの関係づくりは、人々の学びと暮らしを豊かにする事業を企画・実施するための基盤です。
2. 平常時からの信頼関係があることで非常時にも支え合うことができます。

Q1-3 公民館は地域づくりにどう関わればよいですか？

コロナ禍の前から、地域づくりの拠点として公民館への期待を感じてきましたが、コロナ禍を経て、住民の自主的な活動が難しくなる中で、公民館が地域で果たす役割は一層重要、かつ重責となっているように感じます。地域づくりを進める際に公民館はどのような視点や姿勢で関わればよいでしょうか。

1. 公民館と地域づくりの関係

現在、公民館には社会教育を通じた「人づくり」だけでなく、「地域づくり」「つながりづくり」の役割を果たすことが求められています。社会教育施設としての役割にとどまらず、総務省が中心となった地方創生政策の推進や、厚生労働省による地域包括ケアの拠点としての役割など、各省庁からの期待があります。各自治体で地域福祉や、地域介護・医療、防災、産業・観光振興等の施策を実施するにあたり、小・中学校区単位に設置され、地域的な網羅性の高い公民館に期待がよせられるのは当然の流れなのかもしれません。さらにコロナ禍を経て、以前よりも住民同士のつながりが保ちにくくなっていることから、公民館が地域づくりにどのような役割を果たすかが改めて問われています。

それでは、公民館は地域づくりにどう関わるべきなのでしょうか。地域には、町内会・自治会や、子ども会、PTA、老人クラブなどの社会教育関係団体が存在し、定期的な集まりをもち、各種行事を開催することで、地域づくりの基盤を築いてきました。またこれとは別に、子育てサークルや、環境や防災関係の市民活動団体（NPO）など、それぞれの目的をもって地域づくりを進める組織が存在します。近年では、地域の諸組織を包括するまちづくり協議会などが設置されることもあります。これらの組織の地域づくりの活動を支えるのは、公民館の重要な役割の一つです。

ただし、どの組織にも課題があります。たとえば、町内会・自治会や社会教育関係団体に関わることを意識的に避ける住民も増えています。また、サークルやNPOなどの組織も、関心のある一部の人々の参加にとどまる傾向があり、まちづくり協議会も組織づくりが先行し、取組みが形骸化してしまう場合があります。公民館には、各組織の直面する状況を把握したうえで、個々に展開される活動をつなげ、地域づくりを進める住民や組織の力を高めること（エンパワメント）が求められます。地域づくりとは、現在の地域を維持するだけでなく、地域の課題に向き合い、自分たちの力で課題を解決しながら、将来世代に地域を引き継ぐ営みであり、公民館には地域づくりの基盤を築く役割が期待されます。

2. 公民館は地域づくりにどう関わるのか

（1） 地域の歴史や文化を理解する

ここから、公民館が地域づくりに関わる際のアプローチを掘り下げていきます。1つめに、公民館が位置する地域の成り立ちを深く理解することがあげられます。公民館が開催する地域の歴史や文化、環境を見つめ直す学級・講座は、地域の成り立ちを理解するうえで重要な学習機会となります。

たとえば、沖縄県那覇市の繁多川（はんたがわ）公民館では、「繁多川見聞録」という講座を開き、過去の暮らしや、地域の食や行事、戦争などの出来事について、地域の歴史に詳しい高齢者に聴き取りを行いました。この中で、この地域でつくられていたお豆腐が昔とても美味しかったという語りがなされ、ここから在来大豆を探し、昔ながらの豆腐づくりを復活させるプロジェクトに発展しました。さらに、この活動が契機となり、地域で豊富な経験をもつ住民を「すぐりむん」（沖縄の言葉で優れた人という意味）として認定する試みもはじまりました。このように、「何もない」と思われる地域の魅力を再発見する方法は「地元学」と呼ばれます。地元学の詳細については、結城登美雄氏や吉本哲郎氏の著書もご覧ください。

地域に存在する行事や場、取組みには、その背景に当時の社会の動きがあり、それぞれの時期の課題に対応しようとしてきた地域の人々の想いや考え、悩みが詰まっています。この背景を丁寧に紐といたうえで、関係する人と人をつなげていくのが地域づくりの第一歩となります。

（2） 地域の課題を掘り下げる

公民館が地域づくりに関わる２つめのアプローチが、地域の課題の掘り下げです。たとえはじまりは一人の声だったとしても、それぞれの声をしっかりと拾いあげることで、その根底に共通した悩みや想いを見いだすことができます。コロナ禍を経て、地域の居場所や活動、人間関係は大きく変化していますので、地域に住む人々の生活実態の理解を欠くことはできません。

たとえば、千葉県君津市の周南（すなみ）公民館では、認知症と思われる方の来館や、家族からの公民館サークルへの入会の問い合わせがあり、地域でも高齢者の徘徊による行方不明が複数回発生したことから、現代的な課題として認知症に向き合う必要性を認識したということです。その後、認知症予防の健康講座や講演会などを経て、介護する家族や地域役員からの協力の申し出もあり、認知症カフェ「すなみほっとサロン」の開設へと至りました。

地域における貧困や孤立、子育て、介護などの問題は、顕在化せず、私たちのそれぞれの生活の中に溶け込んでいます。当事者自身も解決方法を見いだせず、言語化する機会も少ないため、不安や苛立ち、憔悴を生み出します。これに対して、公民館職員は、公民館の中で利用者に接するだけでなく、時には地域に出ていくことを通じて、地域に潜む問題を肌で感じとる必要があります。

公民館は、地域課題に関わる学習機会の組織化を通じて、私たちが生活の中で直面する問題にきりこむことができます。それぞれの課題に真摯に向き合うことが、住民が地域に住むことへの思いを深めることにつながっていきます。

（3） 地域の将来を思い描く

３つめの役割は地域の将来を思い描くプロセスに寄り添うことです。冒頭で述べた通り、現在の政策では、地方創生の推進や地域包括ケアシステムの構築などに向けて、住民が主体となって地域づくり計画や地域福祉計画を策定することが推奨されています。公民館は、まちづくり協議会や地区の各種協議会のメンバーとなることも多く、これらの計画づくりに関わることが求められます。

たとえば、長野県飯田市の各地区に設置されているまちづくり協議会では、公民館も関わって、地域振興の基本構想・基本計画づくりが進められています。また、島根県松江市では、2001 年度から 2004 年度にかけて、各地区の公民館に地域福祉計画の策定を求め、それをもとに市全体の計画について議論するボトムアップの計画づくりを行いました。公民館が事業を通じて培ってきた地域に関する知識や地域でのつながりを、計画づくりに活かせることが理想的です。

ただし、十分な議論がなされず、実効性の低い地域計画がつくられてしまうことも少なくありません。現在、多くの地域は、人口減少や少子高齢化の波に直面しており、地域の将来計画を立てる際には、現在の活動を継続するだけでなく、生活のうえで優先すべき目標を自ら定め、持続可能な地域の姿を思い描く必要があります。先に述べた地域の歴史・文化や課題の掘り下げを通じて、地域でどのような人や組織が活動しているかを把握し、将来世代である子ども・若者の意見も積極的に取り入れながら、地域の将来像を描き、計画を実行に移していく必要があります。たとえば、滋賀県近江八幡市老蘇（おいそ）学区では、住民有志によるまちづくり推進委員会が中心となり、コミュニティセンターや大学も関わって、「いつまでも住み続けたい老蘇」を実現するための、４つの目標をつくりました。その後、外出の支援や交流を促進するプロジェクトチームをつくり、それぞれの目標の具体化に努めています。

3. 住民主体の地域づくりを側面から地道に支える公民館

公民館には、住民自身が地域づくりを進めていくプロセスを側面から支えることが求められます。日常生活で見逃してしまう地域の魅力や問題を発見し、潜在的な課題の解決のために、地域の活動やさまざまな組織を結びつけ、より過ごしやすい地域の実現に向けて、取組みを一歩ずつ進めていく姿勢が大切です。地域づくりのプロセスは一朝一夕に進むものではありません。住民と職員の地域理解の解像度を高め、地域のもつ力を十分に発揮できる土壌づくりを地道に進めることこそ、公民館に求められる役割と言えます。

【荻野亮吾】

考えるためのヒント

1. 地域づくりの主体はさまざまに存在するため、公民館が主導するのでなく、地域づくりに関わる人や組織の力を引き出すことが重要です。
2. 公民館には、住民が地域の魅力を理解し、共通の課題について掘り下げ、地域の将来を思い描く支援をすることが求められます。

Q1-4 地域行事の中止や地域団体の解散が課題です。公民館はどう対応すればよいですか？

コロナ禍において、地域のお祭りやイベントが中止されました。これらの行事が再開できていない地域もあります。さらに、活動を中断していたことで、地域団体の解散まで進んでしまった例もあります。こうした事態を前にして、公民館は地域行事や地域団体とどのように関わればよいでしょうか。

1．地域行事や地域団体と公民館の関わり

新型コロナウイルス感染症の影響で、2020 年度は地区運動会や地区文化祭などの地域行事が軒並み中止されました。2021 年度も中止を続けた例は少なくありません。その後、2024 年度の状況は、再開している例もあれば、再開できていない例もあり、二極化とも言える状況です。しかし、もともと地域行事は無理なく続けることが大切です。コロナ禍では、無理をしても実施できない状況が続き、そもそもこの行事を実施する意味はあるのかと、改めて考える機会が生まれました。そこから団体の存在意義まで問い直す例もありました。

公民館の組織は地域を基盤に構成されています。地域行事を通して住民がつながりを深め、社会参加の力を高めることは、公民館の目的の一つでもあります。公民館の運営にも日頃から地域住民が深く関わっています。地区公民館が町内会・自治会、子ども会などの地域団体の事務局機能を取りまとめている例もある他、公民館運営審議会や各種企画委員会の構成員に地域団体の代表者が入っている場合もあります。このように、公民館と地域団体が日頃から深く関わり合って動いていても、コロナ禍を経た中で、公民館事業は回復して平時を取り戻しているのに、地域行事の立ち直りは遅れている例がみられます。

2．地域行事に新たな意味を見いだす

地域行事の中には、実施の目的が明確に共有されないまま、恒例で続いてきた

ものが多くあります。町内会・自治会をはじめとする地域団体は、規約に基づき組織され、役員が選出され、原則的には住民の自主的な精神と活動に依拠して運営されています。これに対して、公民館は市町村の設置する社会教育機関で、行政職員が配置され、計画と予算に基づき事業を展開しています。

地域団体が自主的に進める行事を、行政が強制的に再開させる方法はありません。しかし、地域行事の廃止や再開は、誰がどこでどのように判断して決めているでしょうか。役員のみの閉ざされた運営は避け、開かれた議論と透明性のある組織づくりが大切です。地域行事を続けるにも止めるにも、住民自身が活動の意味や方法を話し合い共有していく過程が大切です。地域に話し合いの場がないならば、そうした機会をつくれるように公民館が働きかけていくのも一案でしょう。

3. 新たな形での継続を支える

コロナ禍が収束しても地域行事が再開しない状態は、公民館にとってもどかしいものかもしれません。しかしここで公民館が地域行事の運営を肩代わりしては地域がエンパワメントされません。とはいえ、地域団体の内部での閉ざされた議論では、中止か継続かの二択に陥りがちです。地域行事のもつ本来の役割と新たな意味を、住民たち自身で見いだしていけるよう、公民館から地域団体に問いを投げかけ、そのあり方をともに考える伴走者の姿勢が求められます。

地域の長い歴史の中でコロナ禍の経験を位置づければ、それは慣例や惰性で続けてきたことを一度立ち止まって考える機会でもありました。ピンチはチャンスです。地域行事や地域団体のあり方を再考することで、住民たちが地域の将来ビジョンを描いていく。その過程をサポートしていけるとよいでしょう。

【丹間康仁】

考えるためのヒント

1. 地域団体が公民館に依存してしまい、受け身の運営体制に陥ることがないよう、公民館は地域団体の自立的な運営や活動の体制を支えましょう。
2. 地域行事の再開が難しいことや地域団体の解散が起きたこと自体を、地域課題として受け止めて関わりましょう。

Q1-5 サークルのメンバーの高齢化や固定化が課題です。公民館としてどんな手を打つべきですか？

もともと地域の高齢者の方々によく利用されている公民館でしたが、コロナ禍ではサークルの解散もありました。パンデミックからの出口ではサークルに対してどのような関わりが大切になりますか。さらに、市民に開かれた公民館であるために、どのような運営の工夫が求められますか。

1．少子高齢化の進む地域と公民館

いつも賑やかで明るい公民館ですが、そこにはいつも似たような顔ぶれ——。各地の公民館でみられる状況かもしれません。「いつでも」「どこでも」「誰でも」学べる生涯学習の理念を地域で実現するため、公民館は市民にとって開かれた場でなければなりません。それゆえ、利用者の固定化は運営上の課題と感じるかもしれません。しかし、その似たような顔ぶれこそ実は公民館にとって大切な存在です。公民館のいわばフリークエント・ユーザー（多頻度利用者）に、職員がどのように働きかけていくか。それ次第で、利用者の裾野を広げる道を拓くことができます。

現代の日本では少子高齢化が進んでいます。高齢者が生きがいをもって暮らせる地域であるために、公民館利用者として高齢者が多くなることは決して悪いことではありません。医療機関や福祉施設ではなく、公民館へ通うことで健康寿命を延ばしていけることは、誰しもが願う状況であるとも言えます。ここでまず重要なことは、多頻度利用者がつくる輪（サークル）への働きかけです。

2．サークル同士の交流で風穴を開ける

公民館の基本は、「集い」「学び」「結び」の機能を循環させることです。しかし、結び目が強くなりすぎると、新たな仲間を交えた集いになりづらく、学びも広がりづらくなります。サークルとしての団結を高めることも大切ですが、排他的にならな

い工夫が必要です。こうした工夫は、日々の活動に取り組むサークルの内部からは発想しづらく、職員からの働きかけが効果的です。

たとえば、サークル紹介の情報を更新するとき、サークルの抱える課題を職員がさりげなく聞き取ってみます。情報の取り扱いについて丁寧に説明し、団体の活動内容を広報したり連絡がとれたりするようにしておきます。その分野を学びたいと思った人が公民館へ相談に訪れたときにうまくつなげられるよう、関係性を日頃から築いておきましょう。コロナ禍では公民館まつりの中止に伴い、それに代わる対応として、サークルの活動や成果を映像にまとめ、YouTubeで公開する取組みを展開した公民館もありました。コロナ禍で進んだ新たな情報発信のあり方であり、新たな仲間を招き入れる仕掛けでもあります。さらに、サークル同士の交流を公民館が働きかけることも有意義です。公民館まつりでの活動成果の発表や共有をはじめ、共通のテーマで利用者交流会を企画するなど、多頻度利用者の輪を包み込んだ公民館の大きな輪をつくりましょう。サークルごとの運営スタイルの違いや共通の困りごと、時代に応じた工夫など、情報交換の場が生まれます。

3.「新歓」をして仲間とともに若返ろう

大学では毎年4月、サークルの新入生歓迎活動が大いに盛り上がります。学校のサークルや部活動には年限がありますが、公民館のサークルはいつまでも続けられます。他方で、自ら新歓をしなければメンバーは固定化したままです。単に活動を長年続けているだけでは、サークルごと高齢化していきます。

新たなメンバーを迎え入れて、仲間みんなで若返っていけるよう、サークル任せにせず、公民館から働きかけていくことが大切です。

【丹間康仁】

考えるためのヒント

1. 高齢者が利用しやすい公民館運営をしながら、各サークルとの間に情報網を張り、他の世代との関わりも意識した取組みに注力しましょう。
2. サークルの活動や成果を題材に、他のサークルや新たなメンバーへの発信を促すことで、その団体の輪に小さな風穴を開けていきましょう。

Q1-6 公民館に来館しない住民もいます。未利用者に対してどう働きかければよいですか？

コロナ禍での長期臨時休館によって、利用者のいない時期を過ごしました。その際に気づいたのが、利用者が固定化していること、地域には多くの未利用者が存在することです。地域に開かれた公民館を目指していても、来館していない住民もいます。利用者を広げるためにどのような努力が必要でしょうか。

1．地域に開かれた公民館であるために

公民館は市町村が設置する公共施設です。誰もが公平に利用できる場所でなければなりません。さらに、教育施設として人々の自由で主体的な学習を支えています。利用者の属性や年代に不合理な制限を設けず、無料で、誰もが自由に学べる開かれた施設であることが原則です。しかし、実際の利用状況をみると、すべての住民が来館していない現状もあります。

すでに何か具体的な興味や関心をもっている人は、講座やイベントをきっかけに来館しやすいかもしれません。また、特定のテーマで企画した事業が響く層もいます。たしかにターゲットを絞った事業は、企画者として効果をすぐに実感しやすいです。しかし、学びたいことが決まっていなくても緩やかに集える空間を館内に整備することも大切です。カフェのような雰囲気が公民館の入り口の敷居を下げ、長い目でみると、開かれた公民館の実現につながります。

館内の小さな工夫にも職員の思いを込めることができます。目にとまりやすいよう講座のチラシやポスターを配置し、メッセージボードに言葉を記して来館者とのコミュニケーションにつなげるなど、来館したことで学びの情報が広がる工夫も大切です。さらに、館内で待ちの姿勢で構えるのではなく、館外への視野をもち、公民館の輪を地域に広げる事業に取り組む例もみられます。公民館まで距離があって行きづらい地域で移動公民館を定期的に開催したり、自治会・町内会の集会所で出張公民館を企画したりする館があります。それはまさに、公民館を核としながら、地域

全体に公民館の輪を広げる発想であると言えます。

2. どのような人が公民館に来ているのか

公民館では、各事業への参加者をどのように把握していますか。事業評価で参加者数や満足度の数値を示すことはありますが、より具体的に掘り下げて、各参加者の属性や傾向、公民館歴、来館の経緯や理由を尋ねて分析してみるとよいでしょう。どの利用者にも公民館への最初の一歩があります。プライバシーを守りながら、来館者の一人ひとりとの対話を通して、どんなきっかけで講座に参加したのか、公民館をどのように知ったのか、なぜリピーターとなっているのかがみえてくると、次なる事業展開の方向を見定めることができます。

3. 公民館への入り口を多様化する

同じ社会教育施設でも博物館には来館者開発という考え方があり、図書館では移動図書館車を走らせ地域全体に目配りをする自治体もあります。公民館が利用者層を広げるうえで、必ずしも来館にこだわり過ぎる必要はありません。特にコロナ禍では、公民館へ通う日常が失われ、館内から利用者の姿が消えました。「集い」「学び」「結び」の基本のうち、最初の「集い」の前提がパンデミック下で困難になりました。しかしそれを機に、受け身で来館を待つのではなく、公民館から働きかけていく必要があることに気付いた職員もいたでしょう。

コロナ禍を経て、必ずしも「集い」だけが公民館への入り口ではなく、オンライン講座での「学び」が契機になったり、公民館とは別の「結び」から合流したり、公民館を利用しはじめるプロセスは多様化しました。「集い」「学び」「結び」の輪への入り口は多様であり、一人ひとりに応じて緩やかにその輪が動いていく。それがポストコロナにおける開かれた公民館の姿になるでしょう。

【丹間康仁】

考えるためのヒント

1. 公民館への入り口を緩やかで多様なものにしていきましょう。
2. 来館の背景や経緯について、対話を通して探ってみましょう。

【第1部の参考文献】（50音順）

・荻野亮吾「住民主体の地域づくりに向けた学習をどのように進めていくか？：コミュニティ・エンパワメントの方法と評価」『社会教育』78巻9号、2023年、18-24頁。〈Q1-3〉
・玉野和志『町内会：コミュニティからみる日本近代』筑摩書房、2024年。〈Q1-4〉
・丹間康仁「松江市公民館体制における地区社会福祉協議会の位置：地域基盤の変動と職員制度の発足に着目して」松田武雄編『社会教育と福祉と地域づくりをつなぐ』大学教育出版、2019年、57-77頁。〈Q1-3〉
・丹間康仁「公立小・中学校の通学区域からみた公民館の対象区域に関する研究課題」『日本公民館学会年報』17号、2020年、98-102頁。〈Q1-1〉
・丹間康仁「市民と公民館の出会いを探究する大学ゼミ実践の展開：日野市中央公民館との連携に基づく取り組みの検証」『帝京大学教育学部紀要』9号、2021年、125-136頁。〈Q1-6〉
・丹間康仁・森村圭介「地域コミュニティをめぐる公民館研究の視角：ポストコロナ社会に向けたアップデート」『日本公民館学会年報』20号、2023年、19-25頁。〈Q1-1〉
・長澤成次編『公民館で学ぶVI：コロナ禍を超えて未来を創る』国土社、2023年。〈Q1-2〉〈Q1-5〉
・中村亮彦・林英一「千葉・公民館で取り組む認知症カフェ：君津市周南公民館『すなみほっとサロン』の実践から」『月刊社会教育』63巻2号、2019年、29-34頁。〈Q1-3〉
・似内遼一「計画主導のまちづくり活動の推進力としてのエンパワメント評価の可能性」『社会教育』78巻9号、2023年、34-41頁。〈Q1-3〉
・日本社会教育学会編『高齢社会と社会教育』（日本の社会教育66集）東洋館出版社、2022年。〈Q1-5〉
・松本大「地域住民の公民館への参加のプロセス」『弘前大学教育学部紀要』116巻2号、2016年、57-66頁。〈Q1-6〉
・水谷哲也・朝岡幸彦編『学校一斉休校は正しかったのか？：検証・新型コロナと教育』筑波書房、2021年。〈Q1-2〉
・南信乃介「地域に誇りを育む、那覇市繁多川公民館の文化学習」『月刊社会教育』59巻6号、2015年、28-34頁。〈Q1-3〉
・森岡清志編『地域の社会学』有斐閣、2008年。〈Q1-4〉
・文部科学省「公民館の設置及び運営に関する基準（文部科学省告示第112号）」2003年。〈Q1-1〉
・山浦陽一『地域運営組織の課題と模索』（JC総研ブックレットNo.20）筑波書房、2017年。〈Q1-3〉
・結城登美雄『地元学からの出発：この土地を生きた人びとの声に耳を傾ける』農山漁村文化協会、2009年。〈Q1-3〉
・吉本哲郎『地元学をはじめよう』岩波書店、2008年。〈Q1-3〉

第２部

ポストコロナ時代の公民館経営

第２部紹介

みなさんは「公民館経営」という言葉を聞いたことがあるでしょうか。一般的に「経営（マネジメント）」という言葉は、目的に向けて組織を十分に機能させることを意味します。ただし、公民館は他の組織と異なる下記の三つの特徴を有するため、経営を考える際に注意が必要です。公民館経営では、弱みにみえる組織の特徴を活かしつつ、公民館の方向性を民主的に検討することが大切です。

第一に、公民館には、公民館運営審議会をはじめとする住民参加の制度があり、地域組織とのつながりも強く、外部に開かれた組織構造を有するがゆえにその境界線は曖昧で、企業組織のようなマネジメント手法はあてはまりません。第二に、公民館の経営主体は外部に大きく広がっています。館長や公民館職員の果たす役割は重要ですが、住民や利用者と対話しながら公民館の方向性を見定める必要があります。第三に、公民館が自前でもつ経営資源の少なさです。自分たちだけで事業を進める代わりにネットワークを活かした事業展開が期待されます。

コロナ禍の公民館は学びを止めないため、そしてコロナ禍で途切れたつながりを紡ぐため、地域の状況を理解し、さまざまな事業を展開してきました。その背景には、公民館が大切にする価値が存在していたはずです。ポストコロナ時代の公民館もこの姿勢を継続し、公民館が地域の学習機会を保障するための戦略を明確にしていく必要があります。この第２部では、ポストコロナ時代の公民館が直面する課題を３つにまとめ、その答えを探していきたいと思います。

１つめに、公民館を機能させるために鍵となる２つの要素に焦点を当てます。まず、Q2-1 で公民館における館長の役割を考えます。公民館長は弱い立場にあると思われがちですが、経営の中核をなす重要な存在です。館長は、公民館のもっている資源を活用し目標に到達できるよう館全体を動かす役割を担い、地域の実態に合わせた経営方針を打ち出すリーダーシップが求められています。

次にQ2-2 では、上にあげた住民や利用者参加の制度のもつ意味を考えていきます。コロナ禍では住民や利用者とのつながりを築くことが難しい部分があったと思いますが、ここでは、住民や利用者の声をどのように聴き取るのか、現在ある仕組みをどう有効活用するかを考えます。２つの問いを通じて、公民館が現在もつ資源を有効活用することで、その力を十二分に発揮できることを学んでいきます。

2つめに、公民館の存在意義を高めていく方法を扱います。Q2-3では公民館はお金を稼いでもよいかを考えます。近年では、社会的事業に関するクラウドファンディングなどの手法が注目されていますが、公民館には無縁のことと感じていないでしょうか。公民館が営利事業を禁じていることは、金銭のやり取りを禁じることを意味しません。どのような目的、どのような方法であれば、公民館は「お金を集める」ことができるのかをみていきましょう。Q2-4では、職員の方が少なからず苦手意識をもっているであろうSNSとの付き合い方を扱います。すでにさまざまなSNSの存在は知っており、私的には活用していても、公民館でどのようなルールで、何を発信すればよいのかわからないことが多いようです。SNSの話題を通じて、公民館広報のありようを考えましょう。

3つめのテーマは、行政組織の中の公民館だからこそ生じる問題を扱います。Q2-5では、公民館を指定管理者として運営する場合、何に気を付けて施設を運営すればよいかをみていきます。指定管理が導入されている館では、行政の所管部局からの評価と、利用者や地域住民との信頼関係の構築が大切になるので、そのためにどのような取組みが必要かを考えていきます。

Q2-6では、特にコロナ禍で顕在化した問題を扱います。コロナ禍では、公共施設に一律で休館措置や利用制限がかかったわけですが、継続的な学習保障という観点からすると、この対応に問題があったことも事実です。ここでは公民館における民主的な意思決定の方法について考えます。

Q2-7は、公民館に求められる「評価」の問題を扱います。行政評価の流れの中で、公民館にも事業評価が求められていますが、なぜ現場では評価を嫌う声が多いのでしょうか。ここでは「学習としての評価」の視点から、自分たちで公民館の価値に関する認識を深めていくプロセスについて学んでいきます。

以上の7つの問いを通じて、公民館経営とは、自分たちの大切にしている価値を明らかにし、公民館に備わる資源とネットワークを用いて、その価値を具現化していく方法だということが伝われば幸いです。

【荻野亮吾】

Q2-1 公民館における館長固有の役割とは何ですか？

コロナ禍で職員が対応に追われる中、館長として何ができるか、何をすべきかがよくわからなくなってしまいました。館長の経験も長くはないため、事業の企画や運営は難しいと感じています。所管部局の方針通りの仕事を求められる弱い立場で、館長の自分に求められている役割とは何でしょうか。

1．公民館職員と館長の基本的な役割は

公民館は社会教育の機関として、その目的を実現するために事業を展開するところに存在意義があります。職員の基本的な役割は、公民館事業を通してその公民館が掲げている目的（ゴール）や目標を達成することです。その中での館長の基本的な役割は、その公民館の責任者として掲げている目的・目標を実現するために、公民館がもっている資源（予算や人材、施設、地域の協力体制など）を活用し、事業を展開して、ゴールに到達するよう公民館全体を動かしていくことになります。館長は公民館を経営していく中心を担うとも言えます。

2．館長の固有の役割とは

館長には社会教育の専門職として公民館事業の中心となる役割があり、事業推進にあたりリーダーシップを発揮することが求められます。また、その公民館のシンボル的な役割もありますから、利用者住民はもちろん、地域の諸団体、他機関との良好な関係づくりも大切です。

最も大切な役割は、経営方針の下で職員をうまく指導して館の運営や事業を進めることです。職員同士の人間関係づくりや職場の雰囲気づくりに努力すること、職員の力が伸びるよう助けることも大切な役割になります。

同時に、公民館を地域に開かれた組織、機関として、公民館運営審議会などの住民参画の仕組みをうまく機能させること、地域の諸団体・他機関との協力体制を

築いて、連携事業の展開を可能にすることも館長の役割です。

3. 基本方針に沿って地域に合わせた運営方針を打ち出す館長

公民館の運営には、その自治体での公民館の基本計画や基本方針が重要です。その方針に沿いながら、地域のステークホルダーや職員との話し合いをもとに、地域の実態に合わせた経営方針をつくることも館長の大切な仕事になります。

松江市古志原(こしばら)公民館の館長は、コロナ禍の下だからこそ公民館の経営方針を打ち立て、事業計画作成にリーダーシップを発揮してきました。その経営方針は公民館の使命（ミッション）、地域の将来構想（ビジョン）、年度の重点目標で構成されているとのことです。こうした内容を職員や公民館運営審議会に参画する住民と共に考え定めていくことは、館長がリーダーシップを発揮すべき内容と言えるでしょう。

4. 館長がその力を発揮するために

館長が力を発揮するには、利用者、地域のステークホルダー、職員などとの対話が基礎になるので、対話力や雑談する力、そのための教養を身につけることも大切になります。そのうえで、館長自身がその意欲や力をさらに高める努力が必要で、そのための研修の機会や、学び合い相談できる先輩館長などの存在が大切です。また、その自治体としての公民館の運営事業方針の確立や事業に必要な予算の確保を含めた、自治体内部の公民館担当セクションによる現場の実践をサポートする体制や努力も必要不可欠です。

【内田光俊】

考えるためのヒント

1. 公民館のビジョンを打ち立て、その実現に向けた経営的発想で業務を遂行しましょう。
2. 事業を担う職員を育て指導し、住民と共に公民館を機能させましょう。

Q2-2 住民や利用者の声にどう向き合えばよいですか？

コロナ禍で地域の課題に向き合うことが大事と言われていますが、つながりが途切れてしまった方もおり、住民や利用者の声を聞く機会が減ってしまったように思います。どのように住民や利用者の声に向き合えばよいでしょうか。

1. 住民や利用者の声を積極的に聴き取る

コロナ禍における公民館職員は、緊急事態宣言への対応や、施設の閉館、利用者団体の活動停止など、日々刻々と変化する状況への対応に追われ、住民や利用者の声に向き合うことが難しくなってしまいました。

一方で、コロナ禍において、住民や利用者がもつ思いや、直面している状況を把握するために、町内会長や利用団体の代表などに、個別に話を聞きに行ったり、電話をかけたりして、困っていることや大切に思っていることに向き合おうとした公民館もあります。また、「会えなくてもつながろう！」とメッセージを募集して公民館の掲示板に張り出すなど、見えにくい思いを顕在化させようと工夫した公民館もありました。これ以外にも、利用者や住民の思いやニーズを聴き取る機会をつくることで、子育て世代の孤立や在住外国人の失業といった地域に潜む課題をあぶり出し、こども食堂やフードドライブなどの新たな取組みにつなげた公民館もあります。

公民館が「住民の、住民による、住民のための施設」であるためには、利用者の声に耳を傾けるだけでなく、来館しない（できない）住民の状況に思いをはせ、利用者や住民の声を積極的に聴き取ろうとする姿勢が重要になります。

2. 現在ある仕組みを有効に活用する

このように、公民館が積極的に利用者や住民の声を聴き取ることを基本として、現在ある仕組みを活かして、さまざまな回路をつくる視点も重要です。

公民館の運営や事業の企画に利用者や住民が関わる仕組みは３つに分けられ

ます。１つめが、社会教育法第 29 条に規定されている公民館運営審議会（公運審）です。現在は任意設置の形で、活発な議論がなされにくい場合もありますが、住民の意思によって、民主的な公民館運営を実現することを目的にした重要な仕組みです。たとえば、東京都国立市公民館の公運審では、2020 年～ 2022 年にかけてコロナ禍における公民館の主催事業中止や休館などの措置が妥当だったのか、市民団体・サークルや個人へのアンケートをもとに検討を行い、「市民が学び、つながり続けるための公民館運営・事業のあり方」を提言しました。

２つめに、学級・講座の準備会や、企画委員会の仕組みが各公民館に設けられています。この他に、文化・体育・広報などの専門委員会を維持する地域や、条例に基づき公民館事業の企画・運営について協議する企画実行委員会を設置する地域もあります。これらの仕組みを有効活用して、何度も話し合いを重ねることで、住民や利用者が現在直面している課題を深掘りし、公民館の事業内容を利用者や住民の声に基づいたものに編成していくことができます。

３つめに、各公民館の判断に基づいて利用者の声を聴き取るために設置されている公民館利用者連絡協議会（懇談会）などの仕組みを活用して、利用団体の考えを聴き取ることもできます。たとえば、東京都日野市の公民館利用団体への調査では、コロナ初期の利用団体が、学習活動よりも相互のつながりを維持したいという思いをもっていたことが明らかにされています。利用団体側からすれば、この仕組みを通じて、さまざまな団体の意見を集約し「みんなの意見」として公民館へ伝えることも可能になります。

職員自らが積極的に利用者や住民の声を求めて動くこと、そして公民館がもつ仕組みを有効活用することで、利用者や住民と職員が向き合う機会を多面的につくり出し、埋もれがちな声を拾い上げていくことが重要です。　　　　【荻野亮吾】

考えるためのヒント

1. コロナ禍の経験を活かして、普段埋もれがちな住民や利用者の声に積極的に耳を傾け、公民館運営に活かすことが重要です。
2. 公民館のもつさまざまな仕組みを有効活用して、多面的に住民や利用者との接点をつくるようにしましょう。

Q2-3 公民館はお金を稼いでもよいのでしょうか？ 実際に公民館で、どこまでふみこんでよいですか？

コロナ禍で格差が広がり生活に困る人が増えたことで、フードバンクやこども食堂などの取組みが公民館でも広がってきました。こども食堂では、子どもは無料、大人は有料で運営されていることが多いようです。公民館によっては、料金を取ってサービスを提供することに抵抗感をもつ場合もあるようです。公民館でお金を稼ぐことについて、どう考えるのがよいでしょうか。

1. 公民館は「お金」のことをもっと積極的に考えてよい

社会教育法では、公民館が「もつぱら営利を目的として事業を行」うことを禁じていますが（23条1項）、公民館を使用する団体が参加者からお金を徴収できないと考えるのは間違いです。公民館の主催事業で受講料を徴収している場合がありますから、お金を集めることは当然なのです。

「お金を稼ぐ」と言うと「営利」と感じやすいですが、何らかの事業を行なって対価として金を得ることが「営利」ではありません。そもそも営利事業とは、出資した人に事業で得た収益を分配する株式会社のような事業を言います。生活協同組合は店舗で販売を行なっていますが、法律で営利活動を禁止されているので、営利事業ではありません。NPO法人の収益事業も同様です。ですから公民館はもっと積極的に「収益」を考えてもよいのです。

2. 公民館が行う有料事業の考え方

公民館自身が主催者となってこども食堂を運営している場合はもちろん、公民館を利用する団体が実施する場合でも、営利企業の運営ではないので問題ありません。ただし、公民館は社会教育機関ですから社会教育目的以外の事業、たとえば収益を得ることだけを目的に公民館が何かの販売ばかりを行なって、社会教育の事業を怠るのは問題ありです。

こども食堂の場合、公民館予算で食材費を支出することは難しいので、クラウドファンディングや寄付、参加費に頼ることになります。自治体直営の公民館がお金を集めた場合、自治体の歳入とすることが原則で、公民館単独主催ではお金の扱いが難しいので、実行委員会的な組織を作ってお金を取り扱うとか、団体との共催として団体がお金を取り扱うなどの対応が必要です。

社会教育を目的とするNPOや民間企業と共催して事業を実施することもありえますが、特定企業だけの支援にならないよう、どういう企業であれば共催するのか、お金の扱いをどうするかなどの民間企業との共催についてのルールを定めることも必要になります。

指定管理者が運営する公民館で利用料金制の場合、事業収入は指定管理者の収入とするため、「稼ぐ」ことで運営が成り立ちます。

3. 公民館はどこまでふみこんでよいのか

近年、公民館が色々な制約があって使いにくいことを理由に、公民館を廃止して他の施設に変えるという事例が出ていますが、立ち止まって考えてみることが必要です。そういう公民館では、意図的か無意図的は別に、法的にも問題がない利用や活動を誤った考えで拒んでいることが多いと言えそうです。

公民館はどこまでふみこんでよいかの答えは簡単です。公民館の設置目的に合致し、料金が社会通念上著しく高額でなければ、特に制約はないと考えてよいのです。バザーのような活動を行なってその収益で公益的な活動を行なったり、災害支援などに回したりすることも可能ですし、事業の報告書を冊子にして頒布することもできます。これは公民館を利用する団体についても同様です。

【内田光俊】

考えるためのヒント

1. 公民館で有料の事業を行うことに遠慮はいりません。
2. 営利事業とは何かを正しく理解しておくことが必要です。
3. 直営の公民館の場合、参加費の扱いには注意と工夫が必要です。

Q2-4 公民館は、SNSとどう付き合えばよいですか？

コロナ禍以来、情報発信が一層重要だと言われていますが、これまでは公民館だよりを月１回刊行して、次の月のお知らせをするくらいで、広報についてきちんと向き合ってきませんでした。最近では、SNSを活用した情報発信も行われているようですが、どこから手をつけていけばよいでしょうか。

1. SNSとその種類や特徴

SNS（Social Networking Service）を活用することは、その双方向性や全国に発信できること、若者にも情報が伝わりやすいことからも有効と言われています。SNSにはInstagram、X（旧Twitter）、Facebook、LINEなどがあり、動画配信ではYouTubeやTikTokなどが人気です。SNSによって利用層に違いがあるので、対象に合ったSNSを活用することが有効です。LINEやInstagram、Xは若い世代が、Facebookは中高年齢層が主な利用者になっています。動画配信のYouTubeは幅広く利用されていますが、TikTokは若者の利用が多いと言えるでしょう。

2. 公民館での活用の例

コロナ禍を契機にYouTubeなどの動画配信サイトを活用した公民館事業のオンデマンド配信や、SNSを使った情報発信も増え、活動成果の発信や広報の場にもなっています。リアルタイムの情報発信も可能ですし、SNSを通じて他の公民館と連携した取組みも広がっています。こうした公民館からの情報発信は、他地域との交流人口を増やすことにもつながります。

公民館報をホームページ（以下「HP」という）やSNSに掲載するとともに、紙面に載せきれない内容をHPに掲載して、公民館報やSNSにも二次元バーコードを貼ってHPに誘導するなど、紙メディアとSNSやHPなどを連動させて効果をあげることも大切です。

オンライン会議システムの Zoom などは、その内容を YouTube に配信できるので、その活用も課題になります。

3. SNS 活用のポイントと制約

SNS を活用した広報には、その効果をあげるテクニックがあります。それには目を引く写真や動画が必要で、そのスキルも大切なので、高いスキルをもつ住民の協力を得ることが重要になります。本人の了解を前提になるべく住民の顔や名前を載せ、さらにインフルエンサーと呼ばれる多くのフォロワーをもつ人が、こちらが発信した内容を自分の SNS で紹介してくれると、宣伝効果は抜群です。そのためにはそのインフルエンサーをこちらがフォローしたり、フォローしてくれるよう働きかけたりすることも必要になります。

なお自治体の場合、SNS の運用ルールで制約もあるので、事前に確認しておきましょう。また、LINE などでは公式アカウントを取得して運用するのにかなりの経費が必要になりますので、その経費を予算化できるかも課題になります。

4. SNS のアカウントをつくり、若者の協力を得て発信を

まずは自治体の SNS 運用ルールを確認し、SNS のアカウントを取得し、より多く発信することが第一歩です。公民館は高齢者の利用が多いので、Facebook からはじめ、Instagram やXなどに広げていくのも手です。この際に SNS 活用に長じたボランティアグループや NPO に支援や助言をしてもらうとよいでしょう。

職員が SNS 活用のためのスキルを身につけるとともに、中高生などの若い世代に担い手になってもらうことも大切です。その方が若い世代へ響く内容をつくりうるという点で効果的であるだけでなく、若い世代の公民館や地域への参画の場をつくることにもつながるからです。　【内田光俊】

考えるためのヒント

1. まずは SNS のアカウントをつくることからはじめてみましょう。
2. SNS の活用を若い世代の参画へとつなげる方法を考えましょう。

Q2-5 公民館を指定管理者として運営しています。どんなことに気を付けて施設を運営すればよいですか？

コロナ禍において指定管理者として運営している施設でも混乱が生じました。施設の休館や利用、事業について制限の可否についてです。行政からの指示に時間がかかったために混乱を招いた事態も少なくありません。指定管理者としてどんなことに気を付けて施設を運営すればよいでしょうか。

1. 指定管理による施設運営の広がり

施設運営に関わる自治体の財政負担軽減とサービス面の向上から導入された指定管理者制度は全国的に広まっており、今日では代表的な施設運営の形となっています。2003 年に導入されて 20 年以上が経過し、民間団体による一定の自由度をもった施設運営がなされる一方、そこで働く労働者の身分保障の不安定化、施設運営に充てられる予算の逼迫、施設使用料の有料化・高額化などが目立ちます。中には、指定管理者制度で施設運営されていた公共施設が直営に戻されるケースもあります。

2. コロナ禍における施設運営のあり方とは

新型コロナウイルス感染症により、指定管理者として運営している施設にも影響が生じました。行政直営で運営されている施設の場合、首長部局に設置された新型コロナウイルス対策本部の会議により、公民館などの公共施設の閉館や利用制限が検討され、それがそのまま下りてくる形で施設では各種対応がなされました。それに対して指定管理者制度導入施設の場合、首長部局に設置された新型コロナウイルス対策本部で公共施設の扱いについて検討されることに変わりはありませんが、公共施設の担当部局に下りてきて一旦もまれるので、その分タイムラグが発生していました。その間、施設の運営継続について、事業の開催手法について、行政からの指示に時間がかかったために、指定管理者は行政と利用者との板挟みになってしまいました。基本的には行政からの指示のもと、施設運営の継続などについて決定します。しかし、新型コロナウイルスの未曾有の感染爆発による状況下では、行政でも施設を運営継続するか否か、運営するにしても安全対策はどう講じるかどうかについて、決定するには時間を要してしまいます。ただ、そのような状況下でも施設では利用者からの具体的な問い合わせが後を絶ちませんでした。このようなとき、指定管理者は施設をどのように運営し、利用者に説明をしなければならないのでしょうか。

未曾有の状況下では、指定管理者と行政との関係性が重要です。行政が指定管理者制度を通じて施設運営をただ委託しているだけの関係性では、必要な情報が行政から下りてこなかったり、行政からの指示に時間がかかったりしてしまう危険性があります。ここで重要なのは、行政との関係性を普段から建設的なものにできているかどうかです。日常の運営で困っていることが共有でき、非常時に連携を密にできるかどうかが問われます。そういう意味でも、行政とは一定の緊張感を保ちながら密にコミュニケーションをとり続け、情報交換が気軽にできる関係を築いておくことが望ましいです。

また、災害発生時には施設が避難所として指定される場合もあります。その際には、指定管理者の職員ではなく、行政の職員が避難所運営にあたることになります。このときに気を付けなければならないことは、避難している地域住民が頼りにするのは日常的に接している指定管理者の職員であるということです。ただ、制度上、避難所運営は通常は行政職員が担う必要があることから、キーパーソンとなりうる地域住民との日頃の関係性構築や引き継ぎなど、行政職員にどれだけスムーズにバトンタッチできるかが重要となります。

たとえば、行政の関係課と定期的に打ち合わせを行なっているか、日常の運営時に発生した非常事態を行政に適宜報告し、必要に応じて指示を受けているかどうかです。このようなことをすることで、行政との関係性がよりよくなり、コロナ禍のような非常事態においても、指定管理者制度を導入している施設運営のあり方をどうするかを行政の頭の中に置かせることが可能となります。

3. 指定管理を安定的に受け続けることができるようになるためには

指定管理を安定的に受け続けるには、行政と一定の緊張感を保ちながら民間ならではのノウハウを発揮し、行政からのミッション（仕様書）に対応して評価を得ることと、利用者や地域住民からの信頼を得ることの双方が必要です。

行政からのミッションへの対応については、行政が指定管理者制度を導入する際、単に経費削減のみを掲げるだけでなく、「このように運営してほしい」と一定の運営方針が示されます。民間企業はそれをふまえてプロポーザルなどで提案しますが、受託した後、提案内容や行政からの運営方針を守って運営できているかが重要となります。それが守れていない場合、行政からの印象は悪くなってしまい、次回の選定では不利に働くおそれがあります。行政からの評価を意識して、モニタリング評価を施設全体でできるように、職員間でミッションを共有し、皆が同じ方向に仕事ができる環境を整えることが重要です。さらには、期間中に専門職員をどれだけ増やすことができたか、団体としてどれだけ成長して地域に還元することができたかも評価されれば、より安定的に施設運営を任せてもらえるようになるでしょう。この他に、職員に社会教育士の称号取得を推奨するなど、専門性を高める努力も必要となるでしょう。

もちろん、行政からのミッションが達成できない場合もあります。その際には、達成できなかった客観的理由や、達成に向けた新たな運営方針を次回選定で提案することで、ある程度リカバリーすることができます。実際、指定管理者制度導入後は経費削減のもとで施設運営がなされるため、十分な職員数や給与予算の確保をすることができず、いわゆる「官製ワーキングプア」の状態となってしまうことも少なくありません。民間企業が受託した場合でも予算は限られていますので、どこにリソースを割いて施設運営をしていくかが問われます。また、日頃の運営で行政からのミッションにどれだけ応えているかについては、行政に提出する単年度ごとの報告書の中にも落とし込んでいく必要があります。

4. 利用者や地域住民から信頼を得られる施設運営を目指して

継続的な施設運営をしていくためには利用者や地域住民からの協力が不可欠です。ユーザーを尊重することを第一原則として、よりよいサービスを供給することに注力しがちですが、社会教育施設としての特性を活かし、利用者や地域住民の信頼を得て、共に施設をつくっていくという視点が大切です。

利用者からの信頼を得るためには、日常的に利用者と関係性を構築しているかどうかが重要となります。たとえば、日頃の学習相談に応じているかどうか、協働して講座を実施しているかどうか、利用者連絡協議会や公民館運営審議会（条例で定めている場合）などの組織体からどれだけ声を吸い上げられているかどうかが問われます。学習相談を例に考えると、利用者が活動で困ったことがあったら職員に相談できる環境になっているでしょうか。利用者が相談できる環境をつくるには、まず職員が心を開き、「どんなことでもいつでも相談してくれて大丈夫ですよ」と言葉にしていく必要があります。職員が心を開くことにより利用者は安心感を得られ、相談を持ち掛けやすくなります。相談を持ち掛けられた際にはしっかり傾聴し、課題解決のために助言したり、一緒に話し合ったりすることが必要です。利用者との日頃の雑談も重要です。「今日はどんなものを作ったのですか？」「今度発表会があるらしいですね。頑張ってください」などのさり気ない言葉かけが利用者と職員の距離を縮めます。距離が縮まれば、施設が祭りなどの大きな事業を実施する際、その企画段階から利用者が参画しやすくなり、より利用者目線となった事業を展開することができ成功を収めやすくなります。

職員は日頃から地域にアンテナを張り続け、地域にはどのような人材がいるか、どのような店舗や企業などがあるかを認識し、講座の講師を依頼するなどの形で協働していくことで、地域との距離が縮まるだけでなく、地域住民同士で新たなコミュニティが生まれ、店舗や企業などにも新しい風がもたらされます。

事業をデザインしていく際に、利用者や地域住民と共に考えるプロセスを取り入れれば、信頼関係はより深まります。この過程では、利用者や地域住民と協働して事業をデザインし、新たな視点での学びの場を設けることができたか、利用者の施設や地域への意識を高めることができたかが問われます。　【森村圭介】

考えるためのヒント

1．行政と一定の緊張感を保ちつつコミュニケーションを密にとりましょう。

2．利用者や地域住民から信頼を得て共に事業を形づくりましょう。

Q2-6 公民館は教育施設であると同時に公共施設でもあります。公共施設を運用していく際に、行政基準に従いつつ利用者の声をどう反映すればよいですか？

コロナ禍により公民館をはじめ公共施設は休館や利用制限を設けることとなりましたが、説明が不足したり役所と利用者間との板挟み状態となったりして、利用者や市民からの信頼を損ねた場合がみられました。それでは、どのような方針であれば利用者の声を反映しつつ運営することができるのでしょうか。

1．コロナ禍における公民館運営の問題点

新型コロナウイルス感染症の全国的な流行に対して、公民館に新たな対応が求められ、一時的な休館や利用団体・サークルに対する利用制限、主催事業の中止や縮小化などがなされることになりました。こういった対応は、各自治体の首長部局で組織された「新型コロナウイルス対策本部」で決定された内容が教育委員会や公共施設を管轄する部局に下りてきて、基本的には対策本部の決定に従って休館や利用制限などの対応がなされてきました。このことは感染拡大の防止に一定の効果はあったのでしょうが、この決定に公民館の主役たる利用者や地域住民の意見が反映されていたのかは疑問です。その一方で、感染状況が日ごとに変化していく中、利用者の声を反映して消毒や換気を継続し、利用制限を緩和させるなどの対策を行なったところもあります。

かつて寺中作雄が著した『公民館の建設』に収録された、「公民館はどう運営するか」では「公民館は極めて民主的に運営されねばならない」とあります。危機的状況だからこそ、公民館は利用者や地域住民を置いてきぼりにせず、民主的に運営される必要があります。コロナ禍における公民館運営が上意下達であったからこそ、休館や利用制限に対して団体・サークルは戸惑い、クレームが発生する事態

となりました。そのような事態を避けるため、公民館をはじめとした社会教育施設は教育施設としての役割を全うすべく、単に行政基準に従うだけでなく、地域住民や利用者との日頃のコミュニケーションと関係性構築を前提にし、公民館運営審議会や利用団体連絡協議会などの組織体と話し合い、危機的状況下における公民館運営のあり方を決めていくことが必要です。

2. 民主的な公民館運営を目指して

ここで確認しておきたいことは、公民館運営の主体もまた住民や利用者であるということです。住民や利用者が公民館運営に対して自由にかつ主体的に参画できる環境を整備することがポイントであり、そのことを通して公民館がより住民に近しい施設になっていきます。公民館の主催事業についても公民館運営審議会などと話し合うことで、利用者や地域住民と同じ目線に立った運営ができます。もちろん、話し合いの中では意見が対立し、衝突してしまうこともあります。その際には進行役がファシリテーションスキルを活用し、双方が納得のできる別の方向性を模索していくことも必要となります。

ただし、民主的に決定された内容であっても、団体・サークルでは自分たちの活動に具体的にどう落とし込んでいくかにおいて不安や悩みが発生することもあります。その際、職員は不安や悩みに対して傾聴し、話し合ったり助言したりして、活動への不安を解いていくことが必要です。団体・サークルから出た不安や悩みは職員間だけでなく、公民館運営審議会や利用団体連絡協議会などの組織体とも共有し、よりよい運営に向けてブラッシュアップしていくことが望ましいでしょう。

【森村圭介】

考えるためのヒント

1. 単に行政基準に従うだけでなく、公民館運営審議会などと今後の運営について話し合うことで、民主的な運営を目指しましょう。
2. 団体の悩み事は傾聴し、必要に応じて話し合ったり助言したりすることが必要です。
3. 住民や利用者が公民館運営に主体的に参画することで公民館活動が活発化されていきますが、その前提には日頃のコミュニケーションがあります。

Q2-7 公民館の評価をどのように行うべきですか？

コロナ禍前から公民館評価に難しさを感じてきましたが、コロナ禍における事業数や参加者数の減少をどうとらえればよいのか迷います。またコロナ禍を経て、住民の声に基づき新規事業を立ち上げましたが、軌道にのったばかりで評価は時期尚早と感じます。何のため、誰のために評価を行うのか知りたいです。

1．なぜ、評価は避けられるのか

ここ20年間で公民館にも行政評価の波がおしよせ、アカウンタビリティ（説明責任）を名目に、公民館の存在意義や、講座や事業の影響力を明確に示すことが求められています。しかし、参加者数や満足度などの数値では公民館事業の意義や効果を説明できないという思いをもつ職員は少なくありません。度重なる評価の要請が「評価嫌い」「評価疲れ」を生み、評価という言葉自体を避けるむきもあるようです。このような評価への違和感はなぜ生じるのでしょうか。

評価とは、その原義に立ち戻れば「物事の価値を判断する」ことです。評価では、この価値を自覚できるプロセスが重要なのですが、多くの評価では外側でつくられた基準が押し付けられ、良し悪しを勝手に判断される側面があるようです。しかし、教育学者のビースタが「測りすぎの時代」と称するように、教育の効果や効率性のみが重視されると、「よい教育」に近づくことは困難になります。評価を自分たちの日々の取組みをふりかえる契機ととらえ、評価を通じて自分たちの認識を深めていく「学習としての評価」の視点が大切です。

「学習としての評価」の視点に基づくと、公民館評価とは、公民館活動の主体である住民と、住民の学習を支える職員が公民館の価値を見いだす過程と言えます。この評価の過程で、住民と職員の公民館活動への意欲や、地域課題に向き合う力量が高まることが理想的です。またポストコロナの公民館では、誰のため、何のために公民館が存在するかが鋭く問われています。自分たちの信じる公民館の価値を中核に置き、評価の物差し（基準）や、評価方法を自分たちで検討する姿勢が求められます。その際に職員だけで評価をするのではなく、利用者や公民館運営審議会の委員の参画を求め（Q2-2 参照）、時には外部の有識者の意見も取り入れ、公民館の向かう先を共に考えるとよいでしょう。

2. 公民館の評価をどのように進めるか

公民館評価では、行政評価の影響もありPDCA（Plan-Do-Check-Action）サイクルに基づく評価が導入されることが少なくありません。この評価方法では、公民館の経営方針や年間事業計画に沿って達成度を評価し、改善点を洗い出しますが、その前提として、公民館の経営方針や事業指針が明確であることが求められます。そもそも公民館活動の主体である住民や職員の意見を反映した方針や指針がなければ、評価の根幹部分が揺らいでしまいます。ポストコロナの公民館では、従来の事業を前例踏襲で継続するのではなく、公民館が何のために存在するのかを考え、事業の根幹となる経営方針を見定めることが重要です。

また、PDCA サイクルは、組織活動の過程や成果を測定するための代表的な評価方法ですが、教育の評価にはなじまないという指摘もあります。たとえば、事業評価として、インプット（投入した資源）に対するアウトプット（利用者数や事業参加者数）を評価指標に用いることが多いのですが、これはあくまでもアウトカム（学習の成果）の代理指標であることに注意が必要です。評価が自己目的化してしまうと、何のための評価かが見失われてしまいます。

教育機関としての公民館が提供する学習機会により、地域での継続的な学習が積み重ねられ、私たちの意識や行動、そして地域コミュニティが変容するかが鍵となります。たとえば、公民館の講座で、コロナ禍の学校や地域の直面する課題に関する学習を深める中で、外国にルーツをもつ子どもたちが生活面・学習面で課題を抱えていることがわかり、地域交流や学習支援を含んだ新たな事業を立ち上げたとしましょう。たとえ事業への参加者数が伸び悩んでも、外国ルーツの子どもたちの生活支援や学習支援が進んだのならば、地域の多文化共生という価値の実現という観点から、積極的に評価できます。

このように公民館活動は、地域の暮らしやすさの実現、地域の歴史や文化の醸成、地域の人々の関係づくりといった、無形の、あるいは見えにくい資産を創り出します。この点に関わり、公民館事業が生み出すアウトカムやインパクト（社会経済的変化）に注目し、その価値を明らかにする評価方法もあります。たとえば岡山市立公民館では、「出会う」「つながる」「学び合う」「活躍する」という公民館基本方針を策定したうえで、「社会的インパクト評価」の考えを取り入れ、公民館活動のアウトカムに関するロジックモデルを作成しました。評価の過程でワーキンググループを設置し、防災・共生・若者・地域づくりという重点分野ごとの評価を進めています。自分たちの大切にする価値を確認し、公民館経営評価の方向を見定められるため、基本方針の策定は極めて重要です。

公民館の個々の事業評価の方法も考えてみましょう。公民館事業とは、公民館が教育機関たる中心的業務をさし、学級・講座をはじめとして、文化祭・公民館まつり、スポーツ・レクリエーション、公民館報や記録誌の発行、準備会・実行委員会の開催、サークル・地域団体の育成・支援、学習相談、施設提供、資料・図書などの提供、公民館運営審議会の設置・運営、利用者連絡組織への支援など、多岐にわたる事業が含まれます。これらの事業が、住民の継続的な学習機会の保障につながっているかを評価するのが事業評価です。

公民館の事業や学習機会の組み立ては、地域の状況や過去の経緯、住民の関

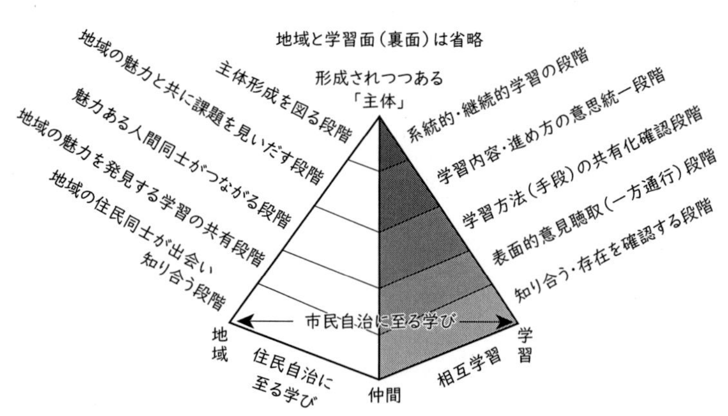

図２　公民館事業の構成要件と学習発展段階仮説図

出典：伊東（2012）の 89 頁の図 2 を一部修正。

わり度合いによって左右されます。そのため、事業評価の物差しは各館で精査すべき事項です。多くの事業が存在する場合、事業評価にあたって各事業を構造化することも必要です。この点で、学習の発展段階に合わせて公民館事業を構造化した左の図２がヒントになります。この図２では、「当事者意識を醸成する範囲としての地域」「共に学び問題を解決しようとする意識を共有している仲間」「課題解決のための系統的で継続的な学習」という三つの軸で公民館事業の必須要件をまとめ、学習の深まる段階をモデル化しています。

3. 公民館評価を学習とどのように結びつけるのか

公民館の評価を住民や職員の学習に結びつけるには、日常の実践の各局面に評価という営為を埋め込むことも重要です。各講座で参加者と職員がふりかえりを共同で行うといった形が思い浮かびますが、方法はそれだけにとどまりません。学習成果をまとめた記録集や記念誌を作成しこれまでの事業の足跡を辿ったり、各地区の公民館研究集会で実践の歩みを共にふりかえったりすることも、日常的な評価活動です。これらの活動を通じて、事業の組み立ての過程に改善点がなかったか、事業の目的は妥当だったかなどをふりかえることができます。

近年では、「参加型評価」の流れの中で、「エンパワメント評価」という方法が提唱されています。この評価方法では、自分たちの活動に対して、自身で価値判断できる能力を育む「キャパシティ・ビルディング」を重視します。この判断の力量を育むにあたっては、活動内容の是非を問うだけでなく、活動の前提となる目的に立ち返り、活動のプロセスをふりかえることが求められます。

まずは、コロナ禍以降にどのような事業を行なってきたか、その成果はどこに現れているかを見直すことから評価をはじめてみてはどうでしょうか。　【荻野亮吾】

考えるためのヒント

1. 公民館評価の目的は、公民館の価値を住民・利用者と職員が深く理解することにあります。
2. 公民館事業の目的を明確にし、事業を構造的に把握したうえで、評価を日常的な実践の中に埋め込む必要があります。

【第２部の参考文献】（50 音順）

・新井孝男・布施利之「公民館事業と評価」日本公民館学会編『公民館・コミュニティ施設ハンドブック』エイデル研究所、2006 年、114-117 頁。〈Q2-7〉
・伊東静一「東京三多摩の公民館における評価実践の現状と課題」日本社会教育学会編『社会教育における評価』（日本の社会教育 56 集）東洋館出版社、2012 年、84-95 頁。〈Q2-7〉
・荻野亮吾・内田光俊・田中純子・中村亮彦「公民館事業評価の課題と展望：『学習としての評価』は可能か?」『日本公民館学会年報』21 号、2024 年、77-89 頁。〈Q2-7〉
・奥田泰弘「住民参加と公民館（利用者懇談会・利用者連絡会を含む）」日本公民館学会編『公民館・コミュニティ施設ハンドブック』エイデル研究所、2006 年、180-182 頁。〈Q2-2〉
・越村康英「地域公民館集会がもつ評価実践としての価値：公民館評価の可能性と課題」日本社会教育学会編『社会教育における評価』（日本の社会教育 56 集）東洋館出版社、2012 年、180-191 頁。〈Q2-7〉
・進藤文夫「公民館運営審議会」日本公民館学会編『公民館・コミュニティ施設ハンドブック』エイデル研究所、2006 年、120-122 頁。〈Q2-2〉
・第 33 期国立市公民館運営審議会『新型コロナウイルス感染拡大時における教育機関としての公民館事業について』（第 33 期国立市公民館運営審議会答申）2022 年。〈Q2-2〉
・田中純子「新型コロナウイルス感染症と公民館：岡山市の公民館の取り組み」『日本公民館学会年報』17 号、2020 年、22-27 頁。〈Q2-2〉
・丹間康仁「コロナ禍における公民館利用団体の学習活動の状況」『日本公民館学会年報』18 号、2021 年、118-130 頁。〈Q2-2〉〈Q2-6〉
・寺中作雄『公民館の建設：新しい町村の文化施設』公民館協會、1946 年。（寺中作雄『社会教育法解説・公民館の建設』（現代教育 101 選 55）国土社、1995 年に再録）〈Q2-6〉
・仲田康一「教育に PDCA サイクルは馴染むのか：初等中等教育政策における PDCA サイクル概念の意味と機能」『季刊人間と教育』106 号、2020 年、44-51 頁。〈Q2-7〉
・ガート・ビースタ『よい教育研究とはなにか』（亘理陽一・神吉宇一・川村拓也・南浦涼介訳）明石書店、2024 年。〈Q2-7〉
・平尾美絵「インターネットを活用しよう!（第 10 回）Facebook 編」『月刊公民館』692 号、42-44 頁。〈Q2-4〉
・平尾美絵「インターネットを活用しよう!（第 11 回）YouTube 編」『月刊公民館』693 号、42-44 頁。〈Q2-4〉
・布施利之「職員の視点で捉え直す『公民館事業』の再定義的整理の試み」『日本公民館学会年報』20 号、2023 年、49-60 頁。〈Q2-7〉
・松本祥一「新型コロナウイルス感染症禍の下での公民館運営：松江市古志原公民館の事例から」『日本公民館学会年報』18 号、2021 年、96-105 頁。〈Q2-1〉
・森村圭介「新型コロナウイルス感染症の流行下における公民館運営の困難と今後の環境整備」『日本公民館学会年報』17 号、2020 年、66-74 頁。〈Q2-6〉

第3部

ポストコロナ時代の事業のゆくえ

第3部紹介

コロナ禍の到来は、社会教育・公民館のみならずさまざまな分野に「ふりかえり」の時間や間をもたらしました。時に惰性で行なってきたこと、あたりまえに持ち合わせていた空間や来館者との関係などを、コロナ禍を通して再構築する動きを、私たちは各地でみることができました。もちろん、すべての公民館・職員が、こうした動きをとったわけではありません。

それは「事業」のあり方もまたしかり、です。

「事業」は、公民館が社会教育の拠点であることの証といっても過言ではありません。職員と住民が協働しながら、現実を一歩前にすすめる、よりよい地域社会や暮らしの創造にむけて、主体的に住民共同の学習の仕組みをつくっていこうとするものです。

むろん社会教育法第22条（事業）が示すように、そこでの事業とは学級講座の実施にとどまるものではありません。図書や資料展示、団体間の連携、祭りや各種大会などにわたる総合的なものであり、かつそれぞれが有機的に循環して地域や住民にとっての意味をなしていくものでもあります。

こうした事業観を前提に、第3部では、コロナ禍によって私たちの事業観にふりかえりを迫ったと考えられる、象徴的な5つの問いを設けました。

まずQ3-1とQ3-2は、私たちに「事業とはそもそも何なのか」を問いかけるものとして設定しました。Q3-1は公民館において、数値的評価にもつながる、多くの来場者優位、または楽しさ優位の動きへの問い直しを行うものです。またQ3-2は近年、少なからぬ公民館で、まちづくり協議会などとの連携が求められ、自治体施策上においても地域づくりへの寄与が求められてきた動きの中で、改めて、公民館が生活・地域の問題に関わって事業を行うとはどういうことなのかを問い直そうとしたものです。これらはどちらも、社会教育施設としての公民館とは何か、への考えを導くものと考えました。

次にQ3-3とQ3-4は、コロナ禍を「変化」を加速させたものと考えるとき、公民館は時代の変化にどう対応するのかに関わる問いとして設定しました。住民の暮らしも地域も、社会の動きと連動した生き物であり、公民館もまた、そうした地域や住民の「今」に連動してあり方を変えていく生き物である以上、「変化」から目を背けるわけにはいきません。時に公民館は同じ住民ばかりを相手にしている、あるいは若者や中堅層から使いにくいと批判されますが、問題の本質は、結果的にどういう層が使っているかではなく、公民館が時代の今に向き合う姿勢をもっているかどうかではないでしょうか。

Q3-3 では「デザイン思考」を取り上げました。近頃まちづくりの領域で「 デザイン思考」が話題にのぼるようになりました。この概念が重用されることが多いのは、地域の構成層や問題の多様性・複雑さが増す中で、その多様性や複雑さに正面から向き合い、活動を創造することに効果をもつためです。これは公民館が以前からつきあってきた団体や組織との関係に依存したり、思考をこうあるべきというところにとどめることなく、地域の現在に即した学習や活動のプロセスをつくっていくことにヒントをもたらすものと思われます。

また Q3-4 では、コロナ禍がもたらしたトピックの象徴としての「オンライン」を取り上げています。オンラインというツールはコロナ禍前から存在しているものでした。しかし三密を避ける目的からいたしかたなくオンラインに取り組む館が増えました。問題はオンラインは、公民館にとって重要な「地域」や「つながり」を大きく拡張する特徴をもつことです。公民館とオンラインの出会いは、未来の公民館にどんな影響をもたらすのかを、私たちは正面から考える必要があるでしょう。

第 3 部最後に、社会教育・公民館とは何かを問い直すものとして、事業としての人権教育を考えるべく、Q3-5 を設けました。機構的には社会教育から離れる場合も多い人権教育ですが、人権を、多様性が増す地域において他者とどう共に生きるのかという問題ととらえるとき、それは公民館と地域にとって、中軸に考えざるをえない問題です。コロナ禍は人権問題の広がり・深刻さも浮き彫りにしましたが、あえてここから公民館の役割も考え直したいものです。

【岡　幸江】

Q3-1 参加者が楽しむことと学ぶことをどうつなげばよいですか？

公民館は多くの人に来ていただき、楽しんでいただくことが何よりと考えてきましたが、公民館には学びがなければだめだといわれました。楽しいだけではだめなのでしょうか。またコロナ禍を経て人々の「楽しみ方」も変わってきたように思います。それをどうとらえ展開すればよいのでしょうか。

1. コロナ禍以降広がる「楽しみ方」

ここでは「楽しむこと」を、消費文化的な傾向をこえた、新たな生活文化の創造という観点から考えてみましょう。

1980 年代より消費文化が席巻し、私たちは生活において「手間」をかけるより利便性や手早さを重んじるようになりました。しかしコロナ禍以降、人々が家ごもりを強いられ、ゲーム機や情報家電の売り上げが伸びた一方、料理・ガーデニング・手芸・DIY など、身近な手作りの文化に目をむける人々も増えました。感染症が落ち着いた後もその習慣を継続する人々は少なくありません。

2.「創る楽しさ」からつながりへ

ポイントは「楽しさ」が今日、さまざまな様相に広がっていることにあります。その広がりは消費の楽しさ、文化芸術やスポーツにふれる楽しさ、多様な対象に向けられる「推し活」まで多様です。ただ、コロナ禍のもとで、失われつつあった「創る楽しさ」や「ともに創る」文化が再発見されてきたことには注目しておきたいものです。人が感じる楽しさには段階性や深まりが生まれうるということでしょう。職員が一歩踏み込んでそうした楽しさを理解し、共有していこうとするとき、私たちの暮らしの中の「つながり」や社会への「参加」にも、新たな可能性がひらかれるのではないでしょうか。

3. 文化を媒介に、楽しさと学びをつなぐ

今一層公民館には、多様な楽しさを包含し、文化を媒介し豊かな「学び」や「つながり」を創造する学習環境の形成が求められていると考えられます。

たとえば、公民館の食講座を考えてみましょう。コロナ禍以降、健康意識の高まりもあり関心が広がった発酵食について公民館で講座を開設する場合、地域の気候風土との関連や食文化の歴史の学びをも生み出す可能性があります。また講師がすべて準備を整え参加者はただ楽しかったでおわる子どもお菓子作り講座から、小学生であってもメニューや材料の準備からイベント開催の展開まで自力で行う講座に転換し、参加者の自発性を引き出した千葉市若松公民館の事例もあります。

コロナで本との新たな出会いを得た市民も少なくありません。福岡市内の校区公民館では、コロナ禍の間に図書コーナーを充実させ、個人が立ち寄りたくなる公民館づくりをすすめた館が複数みられました。また岡山県真庭市立図書館で行われた「一箱図書館」の取組みは、市民がお勧め本をもちより箱にいれて店開きし、市のように来館者と交流する取組みですが、本を介した自己表現や他者との交流機会を生み出すものでもありました。

総じて「自分の楽しさ」は他者には理解されないと自ら限定しがちです。しかし楽しさこそ、深い自己表現やつながりや学びを成立させる、重要な基盤なのではないでしょうか。近年の「居場所」をめぐる議論の活性化も、楽しさに付随する心地よさや安心の保障が社会教育の重要な課題になった現れとも思われます。これらは学習の重層性を示しており、施設設計と学びの深まりの関係を示した「公民館三階建て」論にもつながるものでしょう。

【岡　幸江】

考えるためのヒント

1. 公民館職員にとって、現代を生きる人々が何に楽しさを見いだしているのかを敏感に学び、その発展可能性を考えることが大切です。
2. 公民館にとって文化は、個人の楽しさと共同の学習をつなぐ大事な媒体になります。あなたの地域・公民館の特徴から考えてみましょう。

Q3-2 公民館が生活・地域課題を扱うことと、自治体施策の推進啓発は、何が違うのですか？

コロナを経て地域のつながりが元に戻らない場合も多く、生活基盤の弱体化に自治体の危機感も広がっています。こうした中、生活課題・地域課題に関わる自治体施策と公民館事業の、共通点と違いは何ですか。

1．公民館のもつ「私たちの館」の意味

最近、公民館の委託・移管・再編が広がっています。公共施設に老朽化・耐震化への対応も求められています。地域づくりと公民館を結び付けるには、現行の社会教育法では縛りが大きいという見解もよく耳にします。

改めて、公民館の位置をふりかえってみましょう。戦後公民館像の原点「寺中構想」によれば公民館は郷土振興の中核機関とされています。また社会教育法は施設の設置を中心的な方法として、国民の自発的な学習の環境を醸成することを国と地方公共団体の責務と定めました。公民館は地域施設と教育施設の２つの顔をもつ機関であると言えます。そしてこの２つの顔をつなぐのは、公民館を「私たちの館」としていく住民自身の学習と共同の動きに他なりません。

私たちのまちのことを、自ら共に学び考えていく住民がいる。その動きを、ときに行政の要求・圧力や、古い地域体質が学習を妨げる動きから守りながら、新たな地域の創造にむけて、公的かつ継続的に支援していく職員や施設がある。そういう体制を推進していく力となることが社会教育法には期待されてきました。同時に、各自治体はその歴史や地域性にみあう形で、当該自治体独自のよりよい体制を模索してきました。

2．「私たちの地域・館」を形づくる学習へ

コロナ以降一層、貧困、孤立、過疎の深刻化をはじめ、行政も住民も生活上

の問題を自覚的にとらえざるをえない状況があります。そもそも課題とは何でしょうか。行政は日常的に行政として行政課題を設定し施策化しようとします。それは行政職員の行動様式として通例でもあります。しかし、行政課題が生活課題になる、いわば住民自身が自分事として自覚し解決しようとしない限り、真に問題が課題となることはないでしょう。

コロナ禍は既存の地域組織や地域団体に大きなダメージを与え、諸問題に共に向き合う基盤を弱体化させました。行政が課題を地域に投げ地域団体主導で解決することはいよいよ難しくなっています。そもそもそのモデルがうまくいくことが少ないのは、住民が自分たちで決めた課題ではなかったからでしょう。

各公民館は、戦後以降70年以上の時間をかけて、学習の目的 ― 方法 ― 運営にわたる学習者主体を追求してきました。公民館では学習のプロセスやゴールも、学習者と支援側の相互の学び合いの中で動的に生成されていきます。こうした公民館では、行政が見定めた行政課題を住民がそのまま行動目的化するあり方とは逆に、問題を「私たちの課題」として共有していくプロセスを実現していくことになります。そのプロセスに欠かせないのが学習です。公民館においては、学習を媒介させる専門性をもって、人々の地域づくりへの参加をサポートしていくことになります。

実際には誰もがそうした主体的な行動を発現することは難しいのが今日の社会です。だからこそまずはどんな人にも表現・他者との出会い・共に学ぶ機会を保障すること、そして地域社会の中に人々の主体的な行動を待つ、時間上・空間上の余白を保障すること。そこに公民館の存在意義があるのではないでしょうか。私の一歩を待っていてくれると住民に感じられる「私たちの公民館」が、「私たちの地域」を育んでいくことでしょう。ポストコロナの地域課題解決には一層、こうした公民館を通して実現する、地域の重層的な仕組みが求められると思われます。

【岡　幸江】

考えるためのヒント

1. 地域生活の関係基盤を立て直す点で、両者は共通の目的をもちます。
2. 一方、学習者を待つ時間・空間のゆとりを携えて、人々の学習と課題の共有を支えるプロセスをもつのが公民館です。

Q3-3 デザイン思考などの新たな手法を公民館活動にどう取り入れたらよいですか？

　ワークショップデザインやコミュニティデザインなど、デザイン思考に基づく新たな手法が数多く登場しています。これらの手法に学ぶ必要を感じる一方で、目新しさはなくとも、地道で大切な実践も大切と思ってしまいます。こうした新たな手法と、どのように向き合えばよいでしょうか。

1. デザイン思考（手法）とは

　デザイン思考（手法）は、従来、芸術分野や商品開発分野で重視されてきた考え方を、社会の多様な領域に広げるものです。私たちが通常デザインとしてイメージするのは、アート作品のデザインや、顧客・利用者のニーズに合わせた製品を創り出すプロダクトデザインですが、20 世紀半ば以降、私たちの日常的な行動や課題解決のプロセスにもデザインを適用できるという考え方が広まっています。

　デザインとは、人々の相互作用やコミュニケーションを促すための方法や仕組みを考え出すことをさします。この考え方を応用し、近年では「ワークショップデザイン」「プロセスデザイン」などの言葉も用いられます。たとえば、公民館の講座・学級や、地域づくりに向けたプロジェクトを円滑に進めるための学習環境や関係性を紡ぐツールなどを検討することがこれにあたります。

　さらに、組織と組織の関係や、建築と居住環境の関係など、社会の関係性自体を変えようとするのが「プロジェクトデザイン」や「コミュニティデザイン」の考え方です。「わくわくする事例を集める」「核となる仲間を集めアイデアを発想する」「小さく実行し場を運営する」など、具体的な方法は『ケアする人のためのプロジェクトデザイン』という書籍にも紹介されています。

　ただし、デザイン思考は万能でなく、単純な問題や倫理的問題、科学的問題の解決には向いていないとされます。むしろ「厄介な問題」といって、多くの当事者が関与し、個々人や単独の組織で解決できない複雑な問題の解決に適していると言われています。収束が見えない中で公民館や地域の活動をどのように組み立てるかというコロナ禍をめぐる問題も、「厄介な問題」の一つです。

2. デザイン思考（手法）をどのように用いることが適切か

従来の組織では、関係者の利害調整や、課題を特定したうえでの論理的・体系的解決が目指されてきました。これに対し、デザイン思考（手法）では、共創による学び、共感に基づく動機づけ、問題のとらえ方の変更（リフレーミング）、自己組織化（自然に進化する余地をつくること）といった要素を重視します。問題が複雑で、明確に定義できないからこそ、多くの組織や人々を巻き込み、課題の定義から解決までのプロセスを柔軟に形づくる必要があります。

デザイン思考の基本的な５つのステップを、公民館活動に即してみておきましょう。①「共感」とは、課題やニーズを探るため、しっかりと住民に向き合うことです。②「問題定義」では、潜在的な課題やニーズも考慮したうえで、問題を絞り込みます。③「創造・着想」で、できるだけ自由にアイデアを出し合ったうえで、④「試作」では、このアイデアに基づき、不完全でも「お試し」のプロジェクトを実施します。最後に⑤「テスト」で、住民や利用者からのフィードバックに基づき、プロジェクトの検証を行います。

こうみてくると、地域や社会の問題に向き合い、課題解決につながる学習機会を創出する公民館活動は、デザイン思考と非常に親和的です。デザイン思考の考え方に学ぶことで、生活課題と向き合い、地域で地道な関係づくりを進めてきた公民館活動の過程や意味を、福祉やまちづくりなどの他領域の方と共有し、地域の課題解決を共に目指す契機にすることができるでしょう。【荻野亮吾】

考えるためのヒント

1. 「ワークショップデザイン」の考え方に基づき、講座の運営の仕方を改良したり、「コミュニティデザイン」の手法にならい、地域づくりの第一歩になるイベントを実施できたりするなど、デザイン思考は事業の可能性を広げます。
2. デザイン思考に学ぶことで、公民館の従来の取組みを見直せるだけでなく、他の領域との対話の可能性が高まり、協働することができます。

Q3-4 オンラインを用いた事業をする必要はありますか？

コロナ禍以降、政策的にオンライン事業の推進がすすめられていますが、公民館にとって、オンライン事業の実施は必須なのでしょうか。またその際すべきはZoom利用？ 動画配信？ オンライン事業とはそもそも何をさしているのでしょうか。必要性と手立てがわかれば取組みを考えてもよいのですが。

1. コロナ禍以降広がったオンライン推進事業とその後

3密をさけるコロナ禍の事態の中で、現状打開を打開しつながりと学び合いを新たに生み出そうと、オンライン活用を試みる自治体や公民館が数多く現れました。日本公民館学会コロナ特別プロジェクトが中心に行なった10市調査（2022年10～12月実施）によれば、10市中上位3自治体（岡山市、久留米市、千葉市）では46～68%と半数前後の館で、オンライン事業が実施されていました。他自治体はほぼ20%で横並びです。上位3自治体の場合、期待される環境条件（Wi-Fi整備、Zoomアカウント、PC・タブレットの整備、研修、相談体制、市民活動による各館サポート）がほぼすべて整っていました。

ところが、2023年に第五類に移行すると、こうしたオンラインに着手した館であっても、オンライン活用を手放す館が多くみられました。一方で、オンラインを未来の公民館実践において日常的に用いるべき新たなツールとして、展開の模索を続ける館もみられます。この「差」に、オンライン事業の意味をめぐるヒントがあるのではないでしょうか。

2.「公民館に、オンラインは似合わない」？

同上調査では、オンライン事業実施に否定的な理由もうかがいました。そこではオンライン事業実施を可能にする環境要因（機材やスキルの不足など）の他にも、「範囲が小学校区内なので、オンライン講座の必要性を感じない」「対象区域は高齢化率が高く、市民のニーズを感じない」「公民館は、集うことも大きな目的だから」といった理由があがっていました。

たしかに公民館は本質的に人と人が対面で集う場であることでしょう。まして、小地域での展開が望ましいとされ、小学校区や中学校区単位で設置されていることも多い公民館にとって、家からオンラインで事業に参加するような非接触型の事業展開は似合わないという考えも理解できます。

もう一つ、特徴的にあるのが、高齢者には、オンラインは似合わないという考えです。ここには、高齢者は変化を望まず、オンラインに象徴される時代の変化についていくことは難しい、という前提認識があるように思われます。

しかし、この「公民館像」「高齢者像」は果たして地域の実態に即したものなのでしょうか。そしてもう一つ、オンライン事業のとらえ方が狭いものにとどまっている可能性があります。「オンライン事業とは何か」についても、考える必要がありそうです。

3．オンライン事業展開の多様性

まず後者の「オンライン事業とは何か」について確認してみましょう。よくイメージされがちなのは、学習者も講師も全員家からパソコンやタブレットを使って参加し、公民館職員は公民館から事業の管理にあたるような事業形態です。あるいは、事前に講師や語り手の話を録画しオンデマンドや YouTube 配信を行うような事業も想定されがちでしょう。

特徴的なのはこれらが完全非接触型の事業であることです。オンライン事業がコロナ禍で広がりをみせ、その広がりの理由が、コロナ禍にあっても公民館を止めない、というところにあったとすれば、それは当然のことです。この完全非接触型事業が登場したことは、非常事態下対応はもとより、世界中から講師を呼ぶことさえでき、地域をこえてつながることもできるなど、公民館事業の新たな可能性を大きく開きました。

しかし実際には、工夫によりさまざまな活用方法があること自体、オンラインというツールの特徴でもあります。オンライン＝非接触型事業、という思い込みをはずすこともまた、極めて重要です。

たとえば、講座においてオンラインを活用する場合も、参加者は全員公民館に集まり、講師だけが遠方から入るような方法があります。この場合、参加者同士の直接の交流や学び合いはもちろん可能ですし、一方先に述べたように今までは交通費を考えて呼べなかった講師を、日本中はおろか世界中からでも呼べることにもなります。さらにこの応用型として、一講師／一館ではなく、一講師／複数館という館の財源上もより有効なパターンや、複数館協働事業という公民館ごとの横の交流も目的にくみこむことを可能にするパターンへの展開も広がっています。

地域公民館の現実をみると、近年は地域づくりへの寄与やまちづくり協議会との連携が政策的に求められるあまり、同一自治体内でも公民館ごとの交流は薄れているのではないでしょうか。その中でオンラインを介することで、自治体内での館交流や、全国的な公民館同士のつながりまで生み出していることは、興味深いことです。なにより地域観のみならず、事業や地域団体観など、諸方面への職員の視野が閉塞化しがちな中で、コロナ禍は職員の「あたりまえ」の壁をとりはらった側面がありました。関係が自治体をこえて全国的なつながりとして展開するケースも生まれています。

たとえば「インスタでつながる公民館」は、インスタグラムの「♯(ハッシュタグ)公民館」を通して公民館同士のつながりはもとより、新たな事業も生み出しました。これまでまったく縁のなかった公民館同士がつながったわけです。一方、飯田市—尼崎市や、名取市—松江市の職員同士で新たに研修交流が生まれているように、コロナ前からの交流が、コロナによるオンラインの浮上を経て、新たな展開を生み出すケースもあります。

これまでつながりえなかった層が、オンラインを媒介につながるケースで言えば、小地域内にも新たな展開が生まれてきました。地域内のこれまで公民館に接点をもてなかった層がオンラインを介して初めて公民館につながったり、忙しくて地域の諸役員を引き受けられなかった層が、コロナを機に行事や役職の整理を行なったこともあいまって、オンラインならば、と地域に参加できるようになる事例も生まれています。

なお先の調査では、オンライン事業に肯定的な理由もうかがいました。「遠方の講師をお願いできる」「参加方法の幅を広げることで、新規の層が増える可能性や、複数の会場での開催（連携）が可能」「ハイブリット型を前提にすれば、仕事で参加できない事業、会議も共有可能。また簡易な議事録にもなる」「公民館として地域や公民館の魅力を発信できる」などの意見は、これまでみてきたような、オンライン展開の多様性・可能性を立証するものとも言えます。

4. ポストコロナの市民生活や「つながり」の変化とオンライン

多様な可能性をはらむオンラインですが、「国・自治体から使うよう指示されたから」という構えでは、オンラインの可能性を「見いだす」ことは難しいでしょう。なぜ自分たちはオンラインを使うのかという理由や前提となるニーズの把握に、日頃の実践や公民館運営の意識を向けることが、何より重要です。

たとえば国は高齢者のデジタル活用支援を進めていますが、スマートフォンはじめ高齢者のデジタル活用への関心は決して小さくありません。久留米オンライン公民館で高齢者の参加を牽引した方は、オンラインこそこれから行動範囲が狭くなる私たちが生涯学習を全うするうえで大事なツールと語りました。方法としてのオンライン、という認識はかなり広がっていると思われます。活用が進まないとすればスキルではなく安全性など、別の所に問題がありそうです。

またコロナ禍にはじまった新たな生活様式は、コロナ禍があけても残り続けています。Zoom、タクシー予約のオンライン化、Uber 宅配、飲食店での非接触型サービス、公共サービスにおけるキャッシュレス決済など、例にことかきません。技術革新に伴う変化は、そう遠くない未来にさらに進んでいくことでしょう。これらを学習・公民館ニーズとして確実に受け止めながら、せっかくのツールとしてのオンライン活用を柔軟に考えていきたいものです。

【岡　幸江】

考えるためのヒント

1. オンラインという方法は、非接触型事業に限らず、新たな交流・コミュニティを生み出すツールとして活用可能です。
2. 感染症対応ではなく、未来へのまちづくりを誰と、どのように展開するかという長期的視野で、オンラインの活用を考えてみましょう。

Q3-5 コロナ禍を経て、公民館・社会教育事業における人権教育をどう考えたらよいですか？

人権教育が今日一層大事であることはいうまでもありません。しかし実際には教条的な事業に、住民の反応がよくない場合もあります。コロナ禍は、公民館の人権教育に何を問い、どんなインパクトをもたらしたのでしょうか。

1．コロナ禍で可視化された人権問題

社会教育における人権教育は、大事でありながら、難しいところがあります。自治体によっては扱う内容が限定的な場合もあります。

しかし、私たちに人権教育の大事さを考えさせてくれたのが、コロナ禍でもありました。職場・学校への通勤通学や買い物をはじめ、外出し人と会うことも厳しく制限された時期、そのストレスフルな状況の中で、地域には人権に関わる多くの問題が起きました。

たとえばクラスターが発生した身近な学校・病院・職場への偏見が生じた地域がありました。コロナ禍初期の自粛警察的な動き、感染者はもとよりコロナ禍に最前線で対応する医療福祉関係者そして彼らの家族への差別があらわになったケースもあります。広がる失業や貧困に関連して家庭内 DV なども現れました。こうした中、日本弁護士連合会は 2020 年の「宣言」にて新型コロナウイルス感染症の拡大を災害と位置づけ、人権擁護に取り組む姿勢を示しています。

2．不安の広がりとその様相

コロナ禍初期に象徴されるこうした問題は、先がみえない・わからないことによる不安がひきおこした部分もあったのではないでしょうか。関わりが制限されつつ、初期には対処策もわからず、いつまでこの状態が続くのかもわからない状態は、私たちに大きな不安をもたらしました。そして、そうした不安が「共苦」ではなく差別や偏見に向かう現実は、私たち自身の弱さがいまなお克服されていないこともあらわに

しています。国立ハンセン病資料館は、2021 年「コロナ時代 ハンセン病回復者からのメッセージ」展を開催しましたが、コロナ禍での偏見や差別がハンセン病と同様に、共通して特定の病気を理由としその周囲にも及んでいることを患者の声は訴えていました。

時間の経過とともに対処法などの情報は蓄積され、私たちの生活も落ち着いたように見えます。しかし今なお、後遺症に人知れず悩む方の存在など、困難は一層不可視化されています。

3. 不安の広がりに、市民・公民館はどう向き合うのか

不安が広がる中で、教条的にあるべき像や理想を提示するばかりの人権教育では、人々の感覚とのギャップも、人々の間の分断も一層広がるばかりです。

しかしだからといって、不安は自身においても自覚化されていないことも多いものです。そこにアプローチをかけるための方法の工夫が求められます。

たとえば不安の一因は「相手・他者の見えにくさ」からくるものではないでしょうか。コロナ禍において岡山市御津（みつ）公民館はいち早く、外国人の生活困難を前にフードドライブに取り組みました。それは生活支援のみならず、相手を知ることで外国人へのいわれなき差別を防ぐ取組みでもあったといいます。

異なる立場や層との出会いのきっかけをつくることは、公民館にとって、そう難しいことではありません。しかしそうした機会の一つひとつをもって、分断や差別を防ぎ、ひいては足元から平和をつくりだす意図を込めていくことは、簡単なことではありません。これだけ多様性に満ちた社会において、私たちの中に他者への想像力を育む学びを、人々の足元・小さな地域において育んでいくことはいまから一層求められてくることでしょう。

【岡　幸江】

考えるためのヒント

1. 人権教育を、不安や問題を抱える人の現状に心をよせ、共に考え合っていく地域づくりの問題としてとらえてみましょう。
2. 足元で相手を知り、他者への想像力を育んでいく公民館の学びは、人権教育の視点においても、一層大事な意味をもつことでしょう。

【第３部の参考文献】（50音順）

・生田周二「社会教育関係機関と文化接触」異文化間教育学会企画、加賀美常美代・徳井厚子・松尾知明編『文化接触における場としてのダイナミズム』明石書店、2016年。〈Q3-5〉
・小川利夫編『現代公民館論』（日本の社会教育９集）東洋館出版社、1965年。〈Q3-1〉
・おきなまさひと・中村路子「オンライン公民館の可能性：『くるめオンライン公民館』の実践」『日本公民館学会年報』17号、2020年、28-36頁。〈Q3-4〉
・小泉秀樹編『コミュニティ・デザイン学：その仕組みづくりから考える』東京大学出版会、2016年。〈Q3-3〉
・佐藤一子『文化協同の時代：文化的享受の復権』青木書店、1989年。〈Q3-1〉
・アンドレ・シャミネー『行政とデザイン：公共セクターに変化をもたらすデザイン思考の使い方』（白川部君江訳）BNN、2023年。〈Q3-3〉
・全国公民館連合会『月刊公民館』2024年３月号（特集第５回インターネット活用コンクール結果報告）。〈Q3-4〉
・田中純子「新型コロナウイルス感染症と公民館：岡山市の公民館の取り組み」『日本公民館学会年報』17号、2020年、22-27頁。〈Q3-5〉
・寺中作雄『公民館の建設：新しい町村の文化施設』公民館協會、1946年。（寺中作雄『社会教育法解説・公民館の建設』（現代教育101選55）国土社、1995年に再録）〈Q3-2〉
・暉峻淑子『豊かさとは何か』岩波書店、1989年。〈Q3-1〉
・長澤成次編『公民館で学ぶⅣ：コロナ禍を超えて未来を創る』国土社、2023年。〈Q3-1〉
・西上ありさ『ケアする人のためのプロジェクトデザイン』医学書院、2021年。〈Q3-3〉
・西川正『あそびの生まれ場所：「お客様時代」の公共マネジメント』ころから株式会社、2017年。〈Q3-2〉
・日本公民館学会コロナ特別プロジェクト「コロナ禍における公民館の運営をめぐる状況：政令市・中核市等10市での共同悉皆調査の展開」日本公民館学会2022年７月集会。（発表概要は、大村隆史「記録とまとめ」『日本公民館学会年報』19号、155-156頁に収録）〈Q3-4〉
・日本弁護士連合会「新型コロナウイルス感染症の拡大に伴う法的課題や人権問題について引き続き積極的に取り組む宣言」（2020年９月）。〈Q3-5〉
・山内祐平・森玲奈・安斎勇樹『ワークショップデザイン論』（第２版）慶應義塾大学出版会、2021年。〈Q3-3〉

第4部

ポストコロナ時代の職員像

第４部紹介

第４部では、ポストコロナ時代に求められる公民館・コミュニティ施設職員の姿について取り上げます。とはいえ、コロナを契機に職員の役割が大きく変わったわけではありません。職員としてこれまで現場で経験してきたことや研修などを通して学んだことは、コロナ禍をくぐり抜けた現在でも十分に有効です。

他方、コロナ禍の公民館やコミュニティ施設では、想像もしていなかったような特異な困難が経験されたことも確かです。感染流行の不安や混乱の中で、施設の臨時休館、学級講座や地域行事の中止や延期、利用サークルの休止や解散が、全国各地の公民館で生じました。そして、その最前線にいた職員たちは、前例のない難しい判断や対応を日々迫られることになりました。

本書の元になった特別プロジェクトでは、コロナ禍での公民館職員の経験を次の４点に整理しています。①公民館とは何かをめぐって、職員自身がその価値を問い直す契機になったこと。来館者の姿が消えた施設の中で職員がつかんだ公民館の核心とは、たとえば「公民館は人間らしく生きるための最低限のうるおいを提供する砦として、閉めるわけにはいかない」「たとえデジタル化が進んだとしても、対人であり人と常に向き合っている仕事であると改めて感じる」などの表現で言語化されました（職員対象アンケート調査）。②施設利用や事業再開をめぐって、公民館職員には感染状況の変化、地域の実情、利用者の要望をふまえた判断が感染状況の変化に合わせてその都度求められたこと。これは、自律的判断を行う責任者として、公民館長への再注目にもつながりました（Q2-1 参照）。③感染症対策への理解促進やデジタル対応など、突如必要となった新たな知識・スキルの迅速な習得が職員に求められたこと。そして、④多くの制約の中でもなんとか公民館を機能させようと、新規事業の開発やネットワークの形成などを通じて公民館の新たな価値をつくる試みが展開したこと。これらの試みは、どのような状況下でも職員自身が公民館の可能性をあきらめず、公民館職員であり続けようという葛藤の中で生み出されたと言ってよいでしょう。

このようなコロナ禍での職員の奮闘は、平穏な日常の回復とともに忘れられがちです。しかし、パンデミックや災害などで公民館が機能不全に陥ることは、今後も十分にありえます。そこで第４部では、今回の経験をふまえて次の危機に備えるために、ポストコロナ時代に求められる職員とはどのようなものかを考える上で大切になる４つの問いを設定しました。

まず、Q4-1では、公民館の可能性や仕事の特徴について考えます。コロナ禍で職員が仕事に対するモチベーションを維持するのは、時に容易ではありませんでした。もしかしたらそれは、利用者や住民との関係を大切にしてきた職員にとって、より大きなダメージだったかもしれません。ここでは、公民館の仕事のやりがいとは何かについて深めてみたいと思います。

次に、Q4-2では、多様な職員が公民館職員として育つための視点を考えます。あなたの地域では、どんな人たちが公民館職員になっていますか。新たに公民館で働くことになった人たちは、公民館職員としてどのように育ち、力を発揮するのでしょうか。職員の育ちを支援する中堅職員や管理職に向けた応答です。

Q4-3では、ポストコロナで職員に一層求められるスキルとして、ファシリテーションに着目します。コロナ禍では、住民間の感染不安への温度差や、公民館活動や地域行事への認識の違いがあらわになりました。これまで暗黙の了解で継承されていた地域活動も、中断や担い手交代により現在まで再開できない地域もあります。人びとの認識や経験に大きな溝があり、それが公民館や地域の活動になんらかの支障をもたらしているなら、対話や共同作業を通じて擦り合わせていくことが必要です。そこで登場する手段の一つが、話し合いを進めるファシリテーションです。重要だと思うけれど苦手に感じている職員のモヤモヤに、応答してみたいと思います。

最後に、Q4-4では、日常業務の中でできる職員同士のつながりづくりを考えます。普遍的であり、かつ、コロナ禍でも切実に問われたテーマです。公民館やコミュニティ施設の仕事をより楽しみ、より深めるヒントになれば幸いです。

以上を通して、ポストコロナ時代の職員像を深めることが、第４部の目的です。それぞれの問いと応答について、ぜひ自分自身のことをふりかえり、知っている職員の顔を思い浮かべながら読み解いてみてください。その中で生まれるさらなる問いを、他の職員と語ったり研修や研究のテーマにすることを通じて、職員による職員のための学びが構想されることを期待しています。

【池谷美衣子】

Q4-1 公民館の可能性や仕事の特徴は、どのように見いだすことができますか？

コロナ禍では、住民の姿が見えない中で公民館の仕事のやりがいがわからなくなった職員や、臨時休館を通じて公民館を無力に感じた職員がいました。公民館の可能性や仕事の特徴は、どのように見いだせばよいのでしょうか。

1. 公民館は、規模が小さく一人の職員の裁量が大きい職場

公民館は総じて小規模な職場が多いため、一人の職員の裁量が大きいという特徴があります。一般に、裁量の大きさは仕事へのモチベーションを高めます。また、公民館の仕事内容は「学び合い」や「地域づくり」 など抽象的な説明が多いため、職員は学びながら自分なりの解釈を実際の職務に活かすことができます。正解やマニュアルのない仕事は大変ですが、公民館を通して住民の人生の一端に深く関わったり、新たな気づきや達成感を住民と共に味わったりと、公民館職員だからこそ経験できることが多くあります。

さらに、参加者が集まらないなどの小さな失敗はあっても、人の生死を決定づけたり、億単位の予算を無駄にするような大きな失敗や影響は、公民館では滅多に起きません。裁量は大きくても、失敗を過度に恐れる必要はないのです。

ただし、気をつけたいのは、公民館の主役はあくまでも利用者・地域住民であり、職員ではないということ。これは、個々の職員の力量や雇用形態をこえて、公民館職員に共通して求められる基本的な認識です。

2. よい実践に出会い、学び、真似て、創る

もっとも、仕事の裁量の大きさはストレスにもなりえます。公民館職員として自信をもって住民と向き合い、裁量を活かすにはどうしたらよいでしょう。

社会教育分野では、『月刊公民館』（全国公民館連合会）、『社会教育』（日本青年館）、『月刊社会教育』（旬報社）が毎月発行され、さまざまなテーマで全国

の実践報告が掲載されています。職員が魅力を感じた実践に学び、住民と話し合いながらカスタマイズし、自分の地域に合わせて実際に「やってみる」。こんなチャンスがあるのは、公民館という現場をもつ職員だからこそです。その際、職員の興味関心だけでなく、住民との普段の関わりから気づいたことを学習課題として取り入れることが重要です。もちろん、職員が創造性を発揮して「やってみる」には、目の前の仕事だけに追われない業務の余裕や行政側の寛容さも不可欠です。

3. 公民館は、社会の小さな実験場

社会教育施設である公民館は、日本社会が戦後約80年をかけて地域に配置してきたインフラです。そして、公民館は地域の全住民が対象になることも特徴です。公民館の潜在的な力をさらに引き出すには、多面的にその可能性を探りましょう。たとえば、【政策・行政】。自治体の教育計画だけでなく、総合計画、福祉や男女共同参画などの各計画に目を通すと、行政内部にも連携のヒントが多くあります。社会的課題に先駆的に取り組む【NPO・市民活動】とのコラボレーション（協働）は、公民館単独ではできない事業を可能にします。地域に根ざしつつ、【グローバル】なテーマとローカルな実践とをつなぐ結び目として独自の存在感を示そうとする公民館もあります（岡山県岡山市、神奈川県平塚市など）。

このように、公民館は暮らしに根ざした総合施設として、分野を問わずなんでも「やってみる」実験場になりえます。顔の見える関係の中で、住民から「この職員でよかった」と思われる自分なりの仕事を創る。同時に、目の前の住民のニーズを満たすだけでなく、5年後、10年後、50年後に想いをはせて地域の未来を創るために働く。職員の裁量の大きさはそれを可能にするものであり、公民館の仕事のやりがいもこのようなスケールの中で追求されるものです。　　　　【池谷美衣子】

考えるためのヒント

1. 公民館は一人の職員の裁量が大きく、裁量を活かして創意工夫ができます。ただし、公民館の主役が利用者や地域住民であることは常に重要です。
2. 公民館は地域のインフラであり小さな実験場です。職員の仕事は住民のニーズを満たすだけでなく、実践を重ねて地域の未来を創ります。

Q4-2 任用形態やキャリアの異なる職員が公民館職員として育つために、どのような支援が重要ですか？

公民館の仕事は、OJT や住民を通じて経験的に伝えられてきました。しかしコロナ後、事業のやり方が変わったり住民も以前の公民館活動を知らなかったりと、仕事の伝達は一層難しく感じます。さまざまな経緯で職員となった人が公民館職員として育つために、中堅職員や管理職にはどんな支援ができますか。

1．多様な人が公民館職員であることは、住民にとって重要なこと

公民館の世界には、教育専門職として職員の常勤・専任・複数配置を求めてきた歴史があります。しかし現在、公民館の設置・運営形態そのものが多様化し、あわせて、職員の雇用・任用形態や前職キャリアも多様化しています。さらに、公民館職員の年代や性別、家庭・地域における経験にも広がりがあり、人生の中で培われた職員たちの趣味や特技、興味関心や問題意識も実にさまざまです。

他方、公民館は地域のすべての住民が対象ですが、住民とは多様な人の集まりに他なりません。それは、公民館利用の有無を問わず、住民の困りごとや関心も多様であることを意味します。職員の同質性が高ければ、職員が住民の多様な課題に気づくことは難しくなるでしょう。年代や立場、経験や持ち味の異なる人たちが職員であることは住民にとって重要であり、公民館の潜在的可能性を広げるものです。したがって、中堅職員や管理職は職員が自分の持ち味に気づき、それを公民館の仕事に活かせるよう支援する役割を担うのです。

2．育成の視点1：公民館職員としての共通認識を育む

育成の視点の１つめは、公民館の方向性が拡散しないよう、公民館職員としての共通認識を育むことです。どのような任用形態であれ公民館職員である以上、公民館の理解や職員に必要な態度・知識の涵養は不可欠です。同時に、独学に

励むだけでは職員として共通認識をつくることはできません。日常的なコミュニケーションや定例会議・研修の機会を通して、職員同士が学び合う仕組みが必要です（職員集団の形成）。たとえば、日頃一名配置で働く公民館職員にとって、市域を東西南北に分けてブロック単位で共催事業を企画実施する制度は、相談や情報共有の貴重な場です（神奈川県平塚市）。また、館長から受付スタッフまで全職員が参加する基礎研修を行い、前職キャリアや公民館との出会い、それぞれが聴き取った利用者の声、公民館職員としてやりたいことなどを共有し交流する試みもあります（神奈川県大和市）。共通理解をつくる手段の一つとして、社会教育主事講習の受講や「社会教育士」取得の支援や推奨も有効です。

3. 育成の視点2：職員間の違いを活かし、公民館の力に変える

視点の２つめは、職員間の違いを職務に活かし、公民館の力に変えることです。個人的な経験や関心を公民館の仕事にどう活かすかは、基本的に職員本人が深めるものです。自分の経験を参照しつつ多くの住民と関わり、自分なりに職員としてのこだわりや個性を見つけること。時に大胆に挑戦し、経験値を上げること。集会大会での実践発表や機関誌などへの実践執筆を通して、発信と応答を重ねること。これらの過程では、職員集団での議論、とりわけ中堅職員や管理職の励ましや助言が有効です。そして、職員が職務を通じて自分なりのこだわりを追求できる公民館を目指すことは、その支援の方法を含めて、多様な住民がそれぞれの暮らしの中で自分なりの生き方を実現する地域の創造と、地続きのテーマでもあるのです。

もちろん、雇用面での多様化は職員間の分断という課題をもたらします。分断を乗り越えるためには、「会計年度任用職員だから」「指定管理だから」「勤務経験が浅いから」など、必要以上に職員間を線引きしていないか点検し、職員一人ひとりの顔や思いが見える公民館を目指しましょう。　【池谷美衣子】

考えるためのヒント

1. 公民館職員としての共通認識を育むために、共催事業の企画実施など、職員が一緒に取り組みながら学び合う機会を仕組み化しましょう。
2. 職員が自身の持ち味を職務に活かせるよう、支援しましょう。職員が多様であることを、公民館全体を強くする力につなげましょう。

Q4-3 ファシリテーションが苦手です。自信をもって進めるためには、どうしたらよいですか？

コロナ禍を経て、公民館活動や地域行事の再開や変更などに関わって利用者や住民の話し合いが必要になる場面が増えました。話し合いを進める際に職員がファシリテーター役を担うことがありますが、どうも苦手でうまく進めることができず、自信がもてないのです。どうしたらよいでしょうか。

1. ファシリテーションが活きる場面

公民館などでのさまざまな活動がその目的に到達するために、活動や話し合いがうまくいくよう支援することを、ファシリテーションと言います。ファシリテーションは、社会教育や学校教育、ESDなどの分野で、ワークショップなどの参加型学習のプロセスでその機能を発揮します。また、チームで問題解決を図る時や組織の活性化を目指す時、まちづくりやコミュニティ活動、地域の諸団体の活動で合意形成が必要な時にも役立ちます。それだけに公民館職員にとっては不可欠なスキルの一つです。

2. ファシリテーションのスキル

公民館でも使われることが多いミーティング・ファシリテーションには、場のデザイン、対人関係、構造化、合意形成のスキルがあります。【場のデザイン】では、狙いに合わせて机や椅子の並べ方を考え、何を使ってどういうやり方で話し合うのかをデザインします。話し合いの前には、メンバーが立場を離れて対等で平等な関係で話せるように合意をつくり主体的に参加する姿勢をつくるチェックインと、話しやすくするために心をほぐすアイスブレイクを組み合わせて、よい【対人関係】づくりをデザインします。話し合いではメンバーの様子を見ながらその発言を聴き、出された発言を受け止め、話しにくい人からも発言を引き出すよう働きかけます。より幅広い視野で考えられるように論点を広げるための問いを投げかけ、アイデアを広げていく、発散のプロセスをつくります。次に、出された意見を付箋や模造紙などを使って整理し、出された意見やアイデアを【構造化】します。最後に、収束のプロセスとして話し合いで出てきたことをまとめて一定の結論や成果物に仕上げて、【合意形成】を図ります。話し合いのプロセスをふりかえり、メンバーでシェアする働きかけも必要です。

いずれにせよ、ファシリテーションのためには、話し合いを進めるプロセスをデザインし、使用する用品を含めた十分な準備と段取りが必要です。公民館活動では職員がファシリテーター役になることが多いため、当事者の一人として関わる気持ちで臨みましょう。また、活動を通じて、住民の中にファシリテーション力を身につけた人が育つことも大切です。

さらに、コロナ禍を契機に広がったオンライン会議でもファシリテーションは必要です。オンライン会議システムの操作や機能の活用法を含めて、リアルな場にはない独特のスキルも求められるようになっています。

3. 話し合いを通して、固まった意識や発想を学びほぐす

職員に求められるファシリテーションとは、単なる円滑で活発な会議進行ではありません。空気を読み合って自由に話題を出しにくい日常生活の中で、参加者が学び合おうとする姿勢をもち、聴き語ることで相互変容が生まれる話し合いの場は、自然には生まれにくいものです。そうした学び合いの場を意図的につくりだすことこそが職員の役割であり、話し合いの場では、硬直化した組織や人間関係を含めて、固まった意識や発想を学びほぐすことができるようなファシリテートが求められているのです。

【内田光俊】

考えるためのヒント

1. ファシリテーションの技術を積極的に学び、ワークショップなどで上手なファシリテーションを体験し、良いと思ったことを取り入れながら実践しましょう。
2. 実現したい話し合いの場をつくるために、結論だけに注目するのではなく、参加者の意識の変容という目標をもって働きかけましょう。

Q4-4 日常業務を通じて職員同士がつながるためには、どうすればよいですか？

コロナ禍でオンライン研修が増えましたが、研修後もつながり続けることは難しいです。職場で一緒に働く人との関係性も、コロナ前より深まりにくく感じます。日常業務の中で職員同士がつながるために、何ができるでしょうか。

1．職員同士のつながりの意味と可能性

公民館職員のつながりは、よい人間関係がベースになり、協力して事業を進める中で深まっていくものです。同時に、公民館の運営に不可欠の要素でもあります。職員間のつながりの質がお互いの力を高め合うものであれば、互いに刺激し合って豊かな公民館実践を築くことが可能になります。

2．施設／基礎自治体の中でできる、つながるための努力や工夫

みなさんは、自分の担当事業について日常的に他の職員に相談していますか。事業づくりに関する相談は、ちょっとしたことでも１つの館で職員同士がつながるきっかけになります。また、職員が住民と積極的につながることは、職員同士のつながりを活性化させます。利用者やサークルに関することは職員共通の関心事ですので、積極的に話題にしましょう。他にも、職員同士がつながるために、職員の誕生日会など、意識的に交流の機会を設ける公民館もあります。

また、館をこえた基礎自治体での主事会議などを、情報の伝達や共有だけでなく、職員がつながり学び合う契機にすることが重要です。研修の方法もさまざまです。たとえば、岡山県岡山市の公民館では、若者の地域参画の促進のように公民館が共通して直面している課題について、他の公民館の職員と一緒にプロジェクト・チームを組んで取り組むという方法を長年にわたって取り入れてきました。共同で一つの課題に取り組むことは、職員間のつながりづくりと力量向上に有効です。

このように、職員同士であっても、つながりづくりやその質の向上には、やはり努

力や工夫が必要なのです。

3. 職員間のつながりづくりがもたらす可能性

自治体をこえた職員間のつながりづくりの場も、実は多く存在しています。全国公民館連合会（全公連）の取組みや、毎月各地で開催されている「『月刊社会教育』を読む会」（市販されている業界誌の読者会）、民間教育運動団体として歴史のある社会教育推進全国協議会（社全協）やその全国集会など、さまざまな機会の中で公民館職員はつながりをつくってきています。日本公民館学会などの学術団体に参加し、現場と研究を積極的に結んでいる職員もいます。

さらにコロナ禍を経て、オンラインを活用した情報交換や学び合い、共通テーマを共同で追求する取組みも進んできました。離れた自治体の職員同士がオンラインで学び合う研修を実施した島根県松江市と宮城県名取市の例のように、インターネットをうまく活用することも大切な要素の一つになっています。

今後の可能性を考えると、韓国で発展している平生教育士（社会教育専門職の国家資格）のネットワークに学び、日本でも「社会教育士」ネットワークの交流や連携に期待したいところです。同時に、アジアに広がるコミュニティ・ラーニング・センター（CLC）の職員とのネットワークを形成できれば、国をこえた公民館・コミュニティ施設職員のつながりづくりも広がります。

このように、職員同士のつながりづくりには複数の階層がありそうです。他の施設や自治体をこえた多様な公民館職員とつながり、そこで得られる学びを反映すれば、自分の施設の職員のつながりをより豊かなものにすることができます。ポストコロナでは人間関係がより選択的になっており、関係形成には意識的な行動が一層必要になっています。ただ知り合いを増やすだけではなく、学び合うことができるつながりの質を大事にしましょう。　【内田光俊】

考えるためのヒント

1. 事業の相談や利用者の情報共有は、施設や基礎自治体の中で職員同士がつながるよい機会です。
2. 研修や公民館に関する大会などは他の公民館職員とのつながりをつくる貴重な機会です。そうした場を経験し、その成果や学びを職員間で共有していきましょう。

【第４部の参考文献】（50 音順）

・青木将幸『ミーティング・ファシリテーション入門：市民の会議術』ハンズオン埼玉出版部、2012 年。〈Q4-3〉

・池谷美衣子・内田光俊「ポストコロナ社会に向けた公民館職員研究の展望：社会的出来事から研究枠組みを更新するために」『日本公民館学会年報』20 号、2023 年、10-18 頁。〈Q4-2〉

・池谷美衣子・大安喜一「世界的課題とコミュニティ実践を結ぶ：『持続可能な開発のための教育（ESD)』における公民館職員の役割と変容から」『日本公民館学会年報』19 号、2022 年、93-102 頁。〈Q4-1〉

・井口啓太郎・鈴木麻里「社会教育職員が『働く意味・生きる意味』を獲得するとき：非正規職員の〈当事者性・学習者性・住民性〉に関する考察」日本社会教育学会編『ワークライフバランス時代における社会教育』（日本の社会教育 65 集）東洋館出版社、2021 年、87-98 頁。〈Q4-2〉

・上田幸夫『公民館を創る：地域に民主主義を紡ぐ学び』国土社、2017 年。〈Q4-2〉

・内田光俊「『ESD 推進のための公民館 -CLC 国際会議』の意義と課題」日本社会教育学会編『社会教育としての ESD：持続可能な地域をつくる』（日本の社会教育 59 集）東洋館出版社、2015 年、68-78 頁。〈Q4-1〉

・内田光俊・重森しおり「岡山市の公民館職員の研修と職員集団の力量形成」日本社会教育学会編『地域を支える人々の学習支援：社会教育関連職員の役割と力量形成』東洋館出版社、2015 年、23-34 頁。〈Q4-4〉

・岡幸江「公民館は非常事態宣言下でいかに模索したのか：日本公民館学会 WEB 調査より」『日本公民館学会年報』17 号、2020 年、10-21 頁。〈Q4-1〉

・高橋伸光・向井健「住民自治を支える公民館の役割を再考する：コロナ禍によって顕在化した課題の分析を通して」『日本公民館学会年報』18 号、2021 年、106-117 頁。〈Q4-1〉〈Q4-2〉

・イングリッド・ベンズ『ファシリテーター・ハンドブック』（似内遼一監訳、荻野亮吾・岩崎久美子・吉田敦也訳）明石書店、2023 年。〈Q4-3〉

・梁炳贊（ヤン・ビョンチャン）・李正連（イ・ジョンヨン）・小田切督剛・金侖貞（キム・ユンジョン）編『躍動する韓国の社会教育・生涯学習：市民・地域・学び』エイデル研究所、2017 年。〈Q4-4〉

おわりに

この本を手に取ってお読みくださったあなたに、この本は役に立つものだったでしょうか。私たちは、コロナ禍を契機に出版に挑むことになりました。それまで対面での事業が当然で、それが強みだった公民館にとって、コロナは危機をもたらすと同時に、オンライン事業など新たな試みへの挑戦のチャンスをくれました。また、さまざまな点で公民館の存在意義や事業の可能性を考え直させてもくれました。この本には、そうした経験を経て、今だからつくれる内容を盛り込んだつもりです。

この本づくりを担当した者たちは、日頃から公民館で奮闘されている職員の皆様にこそ読んでいただける内容を考え、議論を重ねて書籍を作り上げました。これを書いている筆者自身も公民館長として勤務しているので、コロナ禍での体験やその中での新たなチャレンジも、我がこととして経験してきました。そうした現場の職員が執筆に加わっていることもあり、今年初めて公民館で働くことになった初任者の方はもちろんですが、日頃の悩みや日々の仕事の中で問われていることにつながる項目が取り上げられていると思うので、特に中堅、ベテラン職員の方や、館長の皆様にとってこそ役立つのではないかと期待しています。

第１部では、公民館が対象とする地域との関係を取り上げています。基礎的だからこそコロナ禍で大きな影響を受けた部分であり、企業や市民活動団体などとの連携、地域行事の中止や利用者の固定化などへの向き合い方もテーマとして取り上げています。公民館で働くことになった方には、まずここから読んでいただければと思います。

第２部では、公民館の経営（マネジメント）に必要な館長論や住民参画の課題、公民館が稼ぐことの是非、指定管理、SNS、評価などを扱っています。中堅、ベテランの職員さんや館長さんにもぜひチェックしていただきたい内容が並んでいます。

第３部はポストコロナ時代の「事業論」を扱っています。今、どういう事業を展開すべきなのか。改めて楽しさをキーワードとした事業の大切さから、生活課題・地域課題の取り上げ方、さらにコロナで急に広がったオンライン事業やデザイン思考など、これからの公民館事業を考えるヒントが詰まっています。ここは初心者からベテランまでのみなさんで読み合い、議論していただけると、公民館としての新たなチャレンジにつながるのではないかと期待しているところです。

第４部では職員論を取り上げ、基本的に大切な職員のつながりづくりや、多様な任用形態をふまえたサポートのあり方、公民館の仕事の面白さや参加型学習の展開に必要なファシリテーションなどを扱っています。これは全体を通して言えることですが、順番に読んでいくのももちろん、気になった項目を拾って読んでいただいても役立つと思います。

以上のように、内容として公民館の原理的なことから最新の情報をふまえたものまで、幅広く取り上げてコンテンツ化してあります。執筆は公民館学会のコロナプロジェクト研究でつながった研究者と現場職員で担当し、執筆担当者任せにせず、編集会議では中心メンバーがいる岡山や福岡に集まって作業をするなど、全員で何度も検討を重ねたことで、公民館の現場と研究をつなぐ書籍にできたと考えています。

紙面の都合でこの本の内容だけを読めば万全というものにはなっていません。ある意味で基本的なことを書いたガイドブック的な要素が強いかもしれません。足りないところは、関連する他の本や情報を見つけてさらに学習を深めていただきたいと期待しています。そして、この本をもとに、職員同士の学び合いや研修などでも活用いただければありがたいと思います。この本をそうした学び合うつながりづくりにも活用していただき、ポストコロナ時代の公民館を共につくっていきましょう。

内田光俊

■執筆者一覧

岡　　幸江	九州大学
内田　光俊	岡山市立西大寺公民館
荻野　亮吾	日本女子大学
丹間　康仁	筑波大学
池谷美衣子	東海大学
森村　圭介	元和光市役所

ポストコロナの公民館
―22の問いから考える―

2025年2月14日　初版第1刷発行

■著　　者――岡　幸江・内田光俊・荻野亮吾・丹間康仁・
池谷美衣子・森村圭介
■発 行 者――佐藤　守
■発 行 所――株式会社 大学教育出版
〒700-0953 岡山市南区西市855-4
電話 (086) 244-1268　FAX (086) 246-0294
■印刷製本――P・P印刷 ㈱

本書に関するご意見・ご感想を右記サイトまでお寄せください。

ISBN978－4－86692－342－0